DE ZEKERHEID DES GELOOFS

민음의 확신

KB192239

세계
기독교
고전

◀ 40 ▶

DE ZEKERHEID DES GELOOFS

믿음의 확신

헤르만 바빙크 | 임경근 옮김

CH북스
크리스천
다이제스트

2판 서문

『믿음의 확신』의 두 번째 판에는 몇 가지 질문과 평가를 고려해 몇 가지 생각을 더 확장시키고 정보를 더 첨가했다. 특별히 프린스턴 대학의 워필드 교수님(Prof. Warfield)이 프린스턴 신학지(*The Princeton Theological Review*, 1903년 1월) 138-148쪽에서 나의 책에 관해 쓴 친절하고도 훌륭한 평가가 중요한 역할을 했다. 바라기는 확장된 개정판이 잘 사용되면 좋겠다.

헤르만 바빙크
1903년 11월 암스테르담

3판 서문

3판은 2판과 전반적으로 같다. 교정은 몇몇 작은 부분에 제한된다. 아무쪼록 이 출판이 이 시대의 믿음의 확신에 대한 의심에 유익이 있기를 바란다.

헤르만 바빙크

1918년 5월 암스테르담

차례

1

확신의 상실

프랑스 혁명(1789년) 이전 시대들은 이후의 시대와 많은 점들에서 달랐다. 이 엄청난 사건이 많은 나라들의 삶과 사고에 가져다준 방향성의 급격한 변화는 역사의 연속성을 박살내버렸다. 그 결과 우리는 이전 시대들의 사고와 삶을 이해하는 데 큰 어려움을 겪을 수밖에 없게 되었다. 그 시대들은 권위와 객관성의 시대들이었던 반면에, 우리 시대에서는 개개인이 주체로 나서서 인간 실존의 모든 분야에서 자신의 자유를 선포하고 자신의 권리들을 주장한다.

우리가 잘 알고 있듯이, 종교개혁은 믿음을 자신의 출발점으로 삼아서, 이전에 인간의 삶 전체를 지배해 왔던 권위를 향해 거의 기절시킬 정도의 강펀치를 날렸다. 종교개혁에서 믿음의 주체인 개인이 무오함을 주장하는 교회의 억압적인 권위에 저항하여 일어났고, 옛 전통의 고통스러운 멍에를 벗어던져 버렸다. 그럼에도 불구하고 종교개혁의 원칙들을 통해서 그리스도인들은 신구약성경 안에서 그들에게 주어진 하나님의 말씀에 여전히 묶여 있었다. 그리고 처음에 개신교회에서 그 말씀의 권위는 흔들 수 없는 것이었기 때문에, 사람들은 그 권위를 그들의 마음속에서조차도 거의 의심하지 않았다.

민음(geloof)이 존재했고, 확신(zekerheid)이 존재했다. 민음의 최종적인 근거와 확신의 가장 깊은 토대들을 탐구할 필요성을 아무도 느끼지 않았다. 사람들은 자신들이 진리를 소유하고 있다고 확신했고, 믿음의 근거인 성경을 의심하는 사람은 아무도 없었다. 독실한 신앙의 삶이 지배하고 있는 시기에는 사람들이 자신의 소망의 토대들을 의심하고 살펴보지 않는다. 사람들은 권위를 지닌 자들처럼 말하고, 바리새인들처럼 말하지 않는다.

그러나 18세기 중반 이후에 이러한 상황은 점차 변화되었다. 행위 주체(subject)들이 자신의 진면목을 드러내기 시작했다. 그들은 자신의 진정한 권리들, 또는 자신에게 주어져 있다고 여긴 권리들을 알게 되었고, 그들을 과거에 묶어두는 모든 속박들을 서서히 깨뜨렸다. 행위 주체들은 과거에 신성하다고 여겨진 모든 것으로부터 자신을 그야말로 무제한적으로 해방시켰다. 무조건적으로 인정하고 복종할 것을 요구했던 모든 권위는 이제 그러한

믿음의 확신

요구의 토대와 관련된 다음과 같은 질문에 먼저 대답해야 했다: "당신은 무슨 권리로 나의 복종을 요구하는가?" 비판적인 이성이 깨어나서, 모든 권위의 근거를 묻기 시작했다. 순진하고 단순하며 어린아이 같은 믿음은 거의 사라져 버렸다.

이제 의심은 우리 시대의 질병이 되어서, 일련의 도덕적인 문제들과 전염병들을 야기시켜 왔다. 오늘날 많은 사람들은 오직 자신들의 눈으로 볼 수 있는 것들만을 고려한다. 그들은 물질을 신격화하고, 재물을 숭배하며, 힘에 영광을 돌린다. 여전히 기쁨과 열심과 완전한 확신을 지니고서 자신의 신앙을 담대하게 증언하는 사람들의 수는 상대적으로 적다. 가족들, 세대들, 집단들, 계층들은 모든 권위와 결별했고 자신의 신앙과 단절했다.

여전히 신자로 자처하는 사람들 중에서도 강요되고 부자연스러운 신앙을 유지하기 위해서 용기를 내야 하는 사람들이 얼마나 많은가? 습관이나 게으름, 또는 용기가 없어서 신앙을 유지하고 있는 사람들은 또 얼마나 많은가? 과거를 회복하고자 하는 불순한 시도나 잘못된 보수주의로 인해 믿고 있는 사람은 또 얼마나 많은가? 사람들은 요란하게 많은 활동들을 하지만, 바르고 열렬하고 진실한 신앙으로부터 흘러나오는 참된 신앙심이나 참된 열심은 거의 없다.

지금까지 말한 것들에 가장 잘 부합하는 집단은 신학자들이다. 그들은 모든 사람들 중에서 가장 의심이 많고 요동하는 집단이다.

그들은 수많은 질문들과 의심들과 비판들을 가지고 있다. 그러나 우리가 다른 누구에게서보다도 그들에게 기대하는 것들, 즉 통일된 사고, 일관된 방법론, 믿음의 확신, 자신들의 소망을 설명하려고 하는 열심 같은 여러 특징들은 그들에게서 찾아보기 힘들다.

이러한 현상은 몇몇 신학교들에 국한된 것이 아니고, 모래 속에 자신의 머리를 파묻지 않고 큰 영적 전쟁에 참여하는 모든 집단들에서 발견된다. 믿음의 근거와 확신의 근거에 관한 질문은 단지 실천적인 삶에서만이 아니라 대학교들에서도 지배적인 질문이다. 기독교 신앙이 모든 가능한 질문을 다루는 것을 기피하고서 자신이 다루는 내용을 제한하면 할수록, 그러한 기본적인 원칙들로부터 다른 모든 것을 논리적으로 추론해서 고집스러운 토대를 구축하는 일에 더욱더 몰두하게 되고, 그 결과 기독교 신앙은 점점 더 내적으로 약화되고 분열되어 가게 될 것이다. 그리고 기독교 신앙과 관련해서 방향을 찾으려고 하는 사람들은 온갖 잡다한 일련의 선택지들과 견해들만을 만나게 된다.

그럼에도 불구하고 여기에서 제시되는 질문들은 모든 사람에게 근본적으로 중요한 것들이기 때문에, 기본적인 원칙들의 분야를 아주 면밀하게 연구하는 것은 믿음과 믿음의 삶에 아주 중요하다. 우리의 믿음의 근거, 우리의 구원의 확신, 영생에 대한 우리의 소망의 뿌리에 관한 질문보다 더 중요한 질문은 없다. 우리의 유일한 위로에 관한 질문에 우리가 대답할 수 없다면, 우리가 지

믿음의 확신

닌 지식과 힘과 명성과 명예가 무슨 유익이 있겠는가?

따라서 우리가 탐구해야 할 영역은 거룩한 땅이고, 우리는 경외하는 마음과 두려워하는 마음으로 그 땅으로 들어가야 한다. 여기에서 우리는 인간의 심령의 가장 내밀하고 깊은 곳들을 건드린다. 다른 어느 곳에서보다도 여기에서는 어린아이 같고 겸손한 심령이 우리에게 필요하지만, 아울러 솔직하고 편견 없는 태도가 필요하다. 그럴 때에만 신앙의 삶에서 온갖 거짓과 오류를 벗겨내고 그 핵심만을 알아낼 수 있게 될 것이다.

믿음의 확신을 얻는 길을 알아내기 위해서는, 먼저 믿음의 확신이라는 것이 무엇이고, 사람들이 그것을 어떤 식으로 서로 다르게 찾아 왔는지를 살펴보는 것이 지혜롭고 신중하게 처신하는 일일 것이다.

2

확신이라는 것은 무엇인가?

믿음의 확신에 관한 문제는 학문적이고 신학적으로만이 아니라 실천적이고 신앙적으로도 중요하다. 이것은 신학자들만의 문제인 것이 아니라 평신도들의 문제이기도 하다. 이 문제는 연구실에서만이 아니라 일상적인 삶이 이루어지는 거실에서도 중요하다. 이것은 단지 이론적이고 학문적인 문제인 것이 아니라, 일차적으로 삶과 실천의 문제다.

아무리 악하고 타락한 사람이라고 할지라도, 자신의 삶 속에서 이따금 심각하고 진지한 순간들을 만나게 된다. 사람이라면 누구나 종종 삶의 신비, 죽음의 힘, 심판이나 하나님에 대한 두려움에 사로잡힌다. 펠릭스 단(Felix Dahn, 1834-1912)은 이것을 이렇게 표현했다: "행복은 우리를 이교 사상으로 인도하지만, 고난은 우리를 그리스도께로 인도한다." 우리가 술에 취해서 몽롱한 채로 살아가다가 거기에서 잠시 정신이 들거나, 행복감이 무디어지거나, 양심이 깨어나거나, 삶의 신비나 고난의 고통이 엄습할 때, 우리는 모두 죽음과 무덤, 심판과 영원에 대해 생각하게 된다. 그럴 때에 무관심을 그대로 유지하거나, 중립성의 방패 뒤로 숨을 수 있는 사람은 아무도 없다. 이것과 관련해서 사람들이 겪는 것은 우리가 종종 생각하는 것보다 더 심각하다. 무신론자는 없고, 마음이나 양심이 없는 사람도 없다. 좀 더 정확하게 말하자면, 하나님의 증인은 언제 어디에나 있다. 하나님은 축복을 통해서든 시련을 통해서든 각 사람의 양심에 말씀하신다.

물론 많은 사람들이 이 음성을 듣지 않으려고 하고, 자신의 양심을 인두로 지져서 무감각하게 만들려고 한다. 그리고 많은 사람들이 자신의 거짓된 확신을 고수하거나, 양심의 음성을 경멸하고서 아무렇지도 않게 살아가는 것을 임종 때까지 이어가는 데 대성공을 거두고 있다는 것도 의심의 여지가 없다.

그러나 인류 역사는 아무리 완고한 죄인들일지라도 그들 속에서 인간의 양심이 완전히 소멸하지는 않고, 전능하시고 어디에나 계시는 하나님의 음성이 그들의 마음 어딘가 깊은 곳에서 울려 퍼지고 있다는 것을 보여주는, 논란의 여지가 없을 정도로 명백한 증거를 우리에게 제시한다. 하나님은 "악인에게는 평강이 없다"고 말씀하신다(사 48:22).

우리 각자는 본성적으로 이 평강을 망친다. 자신의 양심의 고발 앞에서 흠 없는 자로 설 수 있는 사람은 아무도 없다. 아무도 자신의 내면 속에서 자기는 지극히 선하게 잘 살아왔고 나중에 죽었을 때에도 자기는 복되게 살게 될 것이라고 확신할 수 없다. 구원의 확신은 우리가 상속받을 수 있는 것이 아니다. 그런 확신을 지니고서 태어나는 사람은 아무도 없다. 구원의 확신은 인간의 노력의 열매도 아니고, 우리가 의무들을 꼼꼼하게 다 행했을 때 주어지는 상도 아니다. 우리가 이 땅의 보화들, 삶의 기쁨들, 대중의 칭송, 학계에서의 명성, 사람들이 갈채를 보내는 예술 작품들을 비롯해서 이 땅에 있는 어떤 것에서 구원의 확신을 찾아보아야 헛수고일 뿐이다.

우리가 이 땅에서 평안과 기쁨 가운데서 살아가다가 행복하게 죽기 위해서는, 눈에 보이지 않고 영원한, 위에 있는 것들에 관한 확신을 필요로 한다. 우리는 우리가 어떤 존재이고, 어디로 가고 있는지를 알아야 한다. 우리는 우리라는 인격적 존재가 바다의 잔물결 이상의 것이고, 도덕적인 싸움은 자연의 질서를 훨씬 뛰어넘으며, 영혼의 지극히 높고 순수한 이상들은 허구들이 아니라 실체라는 것을 알아야 한다. 우리는 어떻게 해야 우리 양심의 고발들과 죄의 무게로부터 해방될 수 있는지를 알아야 한다. 우리는 하나님이 계신다는 것과 하나님이 우리의 하나님이시라는 것을 알아야 한다. 우리는 우리가 하나님과 화목하게 되었기 때문에, 두려움 없이 죽음과 심판으로 나아갈 수 있다는 것을 확신해야 한다. 이 모든 것에서 우리에게 절실하게 필요한 것은 확신이다. 우리는 흔히 의식하지 못하지만, 이것은 인간의 영혼의 가장 깊은 갈망이다.

인류는 비록 잘못된 길들과 잘못된 방법들을 따라서이긴 하지만 모든 시대들에서 확신을 발견하려고 애써 왔다. 아무리 왜곡된 종교라고 할지라도, 모든 종교는 인간에게 알려져 있는 가장 고귀하고 거룩한 것을 발견하려고 한다. 신자들은 자신이 믿는 종교를 다른 모든 복들보다 더 소중히 여긴다. 모든 참된 신자들은 자신의 종교를 자신에게 있어야 할 가장 핵심적인 것이자 유일하게 무조건적으로 있어야 할 것으로 여긴다. 그들에게 종교는 삶의 정수다. 종교는 사람들이 현세와 내세에서 원하는 것을 얻기 위한 유일한 길이다. 인간의 삶에서 가장 고귀하고 참된 것이 무엇이든, 바로 그것이 종교의 내용이고 주제다. 종교 속에서 우리는 우리의 무조건적이고 영속적인 실존을 확신한다.

과학과 종교적 진리

삶의 가장 깊은 문제들에 직면했을 때에 과학은 흔히 이 문제들의 심각성과 상충하는 자세를 취해 왔다. 그런 문제들은 과학이 다룰 가치가 없다는 것이다. 과학은 흔히 그러한 문제들을 단순하고 무지한 사람들에게나 중요할 뿐이고, 과학을 하는 사람들에게는 전혀 중요하지 않은 것들이라고 규정하는 것으로 만족한다. 하지만 그러한 신념은 교만하고 헛된 망상일 뿐이다. 우리는 현대 과학이 이루어낸 큰 업적을 폄하하고자 하는 것이 결코 아니다. 현대 과학은 놀랄 만한 발견들과 업적들을 이루어내었다. 그 결과 인간의 삶은 헤아릴 수 없이 풍부하고 안락해졌다. 우리는 모두 과학이 자연과 관련해서 우리에게 준 지식과 힘을 감사하는 마음으로 누리고 있다.

하지만 과학은 우리의 오감과 이성에게는 많은 것을 줄 수 있을지 몰라도, 우리의 심령을 만족시켜주지는 못한다. 고난의 때와 임종 때에 자연을 정복한 것과 문명이 주는 복들과 과학의 승리와 예술품들의 향유가 무슨 유익이 있겠는가? 사람이 온 천하를 얻었다고 할지라도 자신의 영혼을 잃는다면 무슨 유익이 있겠는가?

과학이 인간의 삶에서 심각하고 중요한 이런 문제들을 도외시하고서 어깨를 으쓱하며, 그런 것들이 자기와 무슨 상관이 있느냐고 말하는 것은 잘못이다. 선악에 대한 인식, 죄에 대한 자각, 의와 심판, 양심의 고발들, 죽음에 대한 두려움, 화해의 필요성 같은 것들은 물질이나 에너지, 크기나 숫자와 마찬가지로 실제로 존재한다. 그런 것들은 이 세계와 인류, 삶과 역사를 지배하고 있기 때문에 엄청나게 중요한 실체들이다. 마치 그런 것들이 존재하지 않는다는 듯이 행동하는 것은 진리에 대한 사랑이 결여되

어 있음을 보여주는 것이다. 그런 것들을 경멸하고 무시하는 것
은 자기 자신을 아는 지식이 결여되어 있음을 보여주는 것이다.
그런 것들을 시대에 뒤떨어진 어리석은 망상들로 치부하여 배척
하는 것은 삶 전체를 피상적으로 살아가고 있음을 보여주는 것이
다. 과학이 현실 속에 엄연히 존재하는 이 모든 것들을 망상과 꿈
의 영역으로 추방해버린다면, 우리는 적어도 그렇게 하는 근거가
무엇이냐고 질문할 권리를 갖고 있다. 우리는 과학이 하는 말들
을 무조건적으로 받아들이지 않는다.

과학이 하나님도 없고 선이나 악도 없으며, 심판과 형벌도 없
고 천국이나 지옥도 없다고 단언한다면, 그것을 논란의 여지 없
이 충분하게 증명해줄 증거를 우리에게 제시하라. 과학이 그런
것들의 존재를 부정하는 것이 참되다는 것을 우리가 절대적으로
확신할 수 있다면, 우리는 얼마든지 거기에 따라 자신 있게 살고
죽을 수 있다. 우리의 영원한 운명은 돌이킬 수 없고 아주 중요하
기 때문에, 우리에게는 그것과 관련해서 흔들릴 수 없는 확고하
고 신적인 확신이 필요하다. 따라서 이것과 관련해서 과학을 예
리하고 가혹하며 가차 없이 비판하는 것은 적절하다.

과학은 죄책과 형벌, 죽음과 내세와 관련해서 자신이 원하는
말을 할 수 있겠지만, 우리에게 금방이라도 무너질 것 같은 거미
줄 같은 빈약한 논거를 제시하고서는 우리에게 영원을 포기하라
고 요구해서는 안 된다. 우리가 영원히 잘되느냐 잘못되느냐 하

는 우리의 최대의 관심사가 걸려 있는 것이기 때문에, 우리는 신적인 무오한 확신에 미치지 못하는 것으로는 만족할 수 없다. 의심의 여지가 전혀 없어야 한다.

하지만 과학이 우리에게 그렇게 확실한 증거를 결코 제시할 수 없다는 것을 아는 것은 어려운 일이 아니다. 과학이 의심을 새로운 교리로 승격시키는 회의주의를 배척하는 것은 옳을 수 있지만, 방대한 연구 영역을 지닌 과학의 어느 부분도 인간적이고 오류가 있을 수 있는 확신 이상의 것을 우리에게 제시할 수 없다. 이 말은 과학이 종교적이고 윤리적이며 철학적이고 감각을 초월하는 진리의 영역을 건드리고자 할 때에 특히 참되다. 왜냐하면 과학은 그런 영역으로 들어가자마자 자신이 인류 전체가 모든 시대에 모든 곳에서 했던 강력한 증언과 상충한다는 것을 발견하기 때문이다.

모든 인간 영혼은 그 어떤 과학적인 추론으로도 제거할 수 없는 불안에 시달리고 있다. 이 궁극적인 질문들은, 배운 사람이든 배우지 못한 사람이든, 모든 사람의 심령 속에서 생겨난다. 세계에서 가장 위대한 천재들도 이 질문들을 가지고 씨름해 왔다. 이 질문들로 인해 철학이 시작됐고, 이 질문들은 모든 종교들을 탄생시켰다.

게다가 대중적인 의미에서의 과학은 인간과 관련된 이 가장 깊은 문제들을 연구하고 해결할 수 있는 역량과 힘을 가지고 있지 못하다. 과학은 존재의 신비를 존중할 수는 있지만, 결코 설명할 수는 없다. 우리가 가장 절박하게 필요로 하는 바로 그 지점에서 과학은 자신의 무능력을 인정하고 침묵할 수밖에 없다. 과학은 우리의 기원, 우리의 본질, 우리의 종착지에 대해 아무것도 알지 못한다. 따라서 우리의 굶주림을 없애줄 떡이나 우리의 목마름을 그치게 해줄 물을 우리에게 줄 수 없다. 또한 우리의 영혼에 생명을 줄 말씀도 해줄 수 없다.

사방팔방으로 과학은 오직 신비만을 발견할 뿐이다. 우리가 반드시 알아야 할 그런 문제들에 발을 들여놓자마자, 과학은 사방으로 미지의 것들에 계속해서 부딪친다. 과학은 자신이 들어갈 수 없는 보이지 않는 세계에 둘러싸여 있는 것을 발견한다. 우리를 구원해줄 것을 과학에서 찾아본 경험이 있는 사람들이 과학에 실망해서 등을 돌린 후에, 그들의 영혼에 반드시 필요하지만 과학은 줄 수 없는 것을 찾기 위해서 예술과 관념론, 인간의 신격화, 영웅 숭배, 주술과 동방종교들을 기웃거리는 것은 이상한 일이 아니다. 이것은 우리의 심령이 하나님을 위해 창조되었기 때문에 하나님 안에서 안식을 발견할 때까지는 결코 쉴 수 없다는 진리를 확인해줄 뿐이다.

신학의 소임

많은 학문들 중에서 인간의 삶의 이러한 신비들을 본격적으로 다루는 학문은 특히 신학이다. 신학은 우리에게 현세의 삶만이 아니라 내세의 삶과 관련해서도, 현세의 삶의 부침들 속에서, 그리고 우리가 죽을 때에 우리로 하여금 영원히 변하지 않을 것들에 관한 확신을 갖게 해줄 길을 보여주는 영광스러운 소임을 갖고 있다. 신학은 우리를 이끌어서 하나님의 팔 안에서 안식할 수 있게 해주어야 한다. 신학은 학문의 영역에서만이 아니라 삶의 끔찍한 현실들 — 병상과 임종, 고난과 궁핍, 괴로움과 죽음 — 속에서는 더욱 강력하게 죄 짐을 짊어진 양심, 그리고 화해와 평안을 갈구하는 심령에게 자신의 권리와 진리를 보여주어야 한다. 신학이 그러한 상황들에 직면해서 무력하여 어떤 위로도 줄 수 없다면, 학문이라고 불릴 자격이 없다.

일반적으로 말해서, 우리는 먼저 학문들이 우리에게 위로가 되는 진리들을 줄 것이라고 기대할 수 없다. 우리는 자연과학자나 역사학자에게 우리가 몸담고 자라서 친숙한 그런 표상들이나 개념들을 소중히 여겨 달라고 요구할 수 없다. 진리는 그 어떤 실용적인 용도를 떠나서 언제나 영속적인 가치를 지닌다. 진리는 언제나 생명이고, 언제나 우리를 해방시켜주며, 언제나 우리를 왕으로 만들어서 진리가 자신의 빛으로 비추는 모든 것을 다스리게 해준다.

이것은 학문으로서의 신학에도 적용된다. 어떤 것이 사람들에게 위로 — 거짓된 위로 — 를 차고 넘치게 주는 것이라고 할지라도, 신학은 진리의 검증에서 살아남을 수 없는 것들을 진리로 선포해서는 안 된다. 왜냐하면 경건한 자들의 심령은 "진리"를 자양분으로 삼기 때문이다. 그럼에도 불구하고 신학에는 의학과 비슷하게 실용적인 측면도 존재한다. 의사의 이론적인 지식은 의심할 여지 없이 아주 중요하지만, 그의 가치와 그의 학문의 가치는 사람들을 고쳤을 때에만 진가를 발휘한다.

마찬가지로 신학은 영혼의 질병들을 고쳐줄 처방을 해야 한다. 신학은 우리가 어떻게 어떤 방식으로 우리의 죄책에서 해방되어 하나님과 화목하게 되고, 삶의 환난들 가운데서 인내와 소망을 지니며, 죽음을 앞두고도 찬송을 불러야 할 이유를 발견할 수 있는지를 말해줄 수 있어야 한다. 그런 것들에 관심이 없고 오직 비평적이고 역사적인 연구들에 몰두하는 신학은 신학이라는 이름으로 불릴 자격이 없다. 그리고 가장 최근의 온갖 신학적인 쟁점들에 대해서는 훤히 꿰고 있지만, 병상 앞에서는 아무 말도 못하고, 멸망 받게 될 죄인들의 심령 속에 있는 질문들에는 어떤 대답을 해주어야 할지를 알지 못하는 신학자는 신학자로 불릴 자격이 없다.

피어선 교수(Prof. Pierson)는 내게 자기는 학창 시절에 온갖 종류의 과학적인 지식들을 접했지만, 어떻게 해야 내가 천국에 갈 수 있는가 하는 한 가지 질문에 대한 대답은 끝까지 찾을 수 없었다고 말했다. 바로 그 질문에 대답해주고자 하는 것이 교회와 신학이 존재하는 이유이고, 말씀을 전하고 심방을 하는 이유이다. 우리가 그 업적을 과소평가하지 말아야 하는 현대 신학은 그 반대자들의 학문적 통찰력으로 인해서 당혹해한 것이 아니었다. 현대 신학의 무능력은 실제의 삶 속에서 분명해졌다. 현대 신학은 삶이나 죽음과 관련해서 사람들에게 줄 위로와 힘을 가지고 있지 않았기 때문에 강대상과 심방에서 패배했다. 학교가 아니라 교회, 신학교가 아니라 강대상, 호교론이 아니라 병상과 임종에서 신학의 빈곤이 드러났다.

역사와 경험은 우리에게 사람들이 신학에서 무엇을 가장 기대하는지를 매일 보여준다. 그것은, 신학은 우리에게 믿음의 확신을 보여주어서 믿음에 대한 우리의 확신을 길러주어야 한다는 것이다. 그렇게 하지 않는 경우에는 병자들은, 질병에 대해서는 청산유수처럼 말할 수 있으면서도 정작 병을 고치지는 못하는 기존의 학문에서 도움을 구하기보다는, 자신들이 우연히 가장 먼저 접한 돌팔이 의사에게 의지하게 될 것이다.

믿음의 확신

그렇다면 신학에 그토록 중요한 이 믿음의 확신(zekerheid)이라는 것은 무엇인가? 확신과 진리(waarheid)는 밀접하게 관련되어 있긴 하지만 서로 동일한 것은 아니다. 진리는 생각과 현실 간의 일치이기 때문에, 우리 의식의 내용물과 우리 지식의 대상 간의 관계를 표현한다. 하지만 확신은 관계가 아니라, 인식 주체의 역량, 자질, 상태다. 우리의 지성은 서로 다른 진술들이나 명제들에 대한 반응에서 서로 다른 상태를 취할 수 있다. 어떤 것에 대해 전혀 알지 못하는 경우에 우리의 지성은 완전히 무관심할 것이다. 어떤 것이 참인지 거짓인지를 저울질해보아도 어느 쪽인지를 결정할 수 없는 경우에는 우리의 지성은 의심의 상태에 놓이게 될 것이다. 어떤 이유에서든 참과 거짓 중에서 어느 쪽으로 더 기우는 경우에는 우리의 지성은 견해나 추측이나 기대 등과 같은 상태에 놓이게 될 것이다. 반면에 어떤 진술과 관련해서는 우리의 지성이 완벽한 확신의 상태에 도달할 수도 있다. 한 사람의 지성이 자신의 인식 대상 속에서 완벽한 쉼을 얻을 때에 거기에는 확신이 존재한다.

우리에게 존재하는 각각의 기능은 자신이 본성적으로 추구하는 것 속에서 쉼(안식)을 얻는다. 의지는 오직 선에서만 완벽한 쉼을 얻고, 우리의 감각은 아름다운 것들에서 완벽한 쉼을 얻는다. 마찬가지로 지성은 오직 참된 것, 따라서 궁극적으로는 유일한 진리이신 하나님에게서만 쉼을 얻는다. 따라서 오류나 거짓은 지성의 원래의 상태와 정면으로 충돌한다. 비록 타락한 상태에서조차도 지성은 오직 거짓이 진리와 닮았을 때에만 거짓을 존중한다.

오직 진리만이 지성의 필요를 만족시키고 부응한다. 거기에서 지성은 쉼을 얻는다. 확신은 쉼, 평안, 복됨인 반면에, 의심이나 추측이나 견해는 언제나 어느 정도의 불만족과 불안을 수반한다. 건강이 몸의 정상적이고 자연스러운 상태인 것과 마찬가지로, 확신은 지성의 정상적이고 자연스러운 상태다.

따라서 진리를 찾는 것조차도 귀한 선물이고 아름답다. 하지만 진리를 발견해서 누리고, 그 빛 가운데서 행하는 것이 한층 더 아름답고 귀하다. 반면에, 의심은 결코 인간의 진정한 상태가 아니고 질병처럼 비정상적인 것이다. 열병이 몸에 이로울 수 있고, 뇌우(雷雨)가 대기에 이로울 수 있는 것처럼, 우리의 삶을 괴롭히는 오류와 거짓으로 말미암아 때로는 의심이 필수적이다. 그러나 의심 속에는 언제나 고통스러운 해악이 있다. 의심하는 사람은 바다의 파도와 같지만, 믿는 사람은 반석과 같다.

하지만 확신에도 여러 종류가 있다. 그리스 철학자들은 이미 감각에 의한 확신과 이성에 의한 확신을 구별했다. 그리고 아리스토텔레스는 후자를 좀 더 세분해서, 과학의 제1원리들로부터 도출되는 직접적인 확신을 증명과 증거로부터 도출되는 간접적인 확신과 구별했다. 이 세 종류의 확신은 아주 지독한 회의주의자를 제외한 모든 사람에 의해 인정된다.

우리는 모두 감각으로 지각할 수 있는 것들을 확실하다고 느낀다. 또한 우리는 수학의 토대가 되는 공리(公理)들 같이 여러 학문들의 가장 기본적이고 자명하며 증명할 수 없는 원리들을 의심하지 않는다. 마찬가지로 우리는 학문에서 이미 증명되어 있는 전제로부터 논리적인 추론을 통해 도출해낸 진리들과, 충분한 증거를 토대로 한 진리들을 완벽하게 확실하다고 여긴다.

하지만 과학적 확신을 보여주는 이러한 유형들 외에도 또 다른 종류의 확신, 즉 믿음의 확신이 존재한다. 이 확신의 가치와 관련해서는 사람들의 생각이 천차만별일 수 있지만, 이 확신이 존재한다는 것은 의심의 여지가 없다. 철학조차도 믿음을 고려하지 않을 수 없었다.

이마누엘 칸트(Immanuel Kant, 1724-1804)는 경험적이고 논리적인 확신들 외에도 도덕적 확신(Gewissheid)을 위한 여지를 만들어놓았다. 칸트가 행한 방식은 우리의 방식이 아니지만, 우리는 가장 통찰력 있는 사상가들 중 한 명을 통해서 엄밀하게 과학적인 확신 외에 또 다른 형태의 확신의 존재와 권리를 인정해준 것에 대해서 철학에 감사한다.

사실 우리는 스스로 의도적으로 눈을 감지 않는 한 그러한 확신이 실제로 존재한다는 것을 의심할 수 없다. 왜냐하면 종교와 도덕의 영역에서 과학적인 증거를 토대로 해서 확신을 따지는 사람은 아무도 없기 때문이다.

합리적인 논증을 토대로 해서 하나님의 존재, 영혼의 불멸성, 그리스도의 중보자적 지위, 성경의 권위를 비롯한 수많은 것들을 믿는 믿음을 갖는 사람은 아무도 없다. 사람들은 과학은 그런 문제들에 대해 말할 수 없다는 것을 본능적으로 알고 있는 것으로

믿음의 확신

보인다. 따라서 모든 고등 종교들은 계시를 토대로 한다고 주장하고, 그런 종교들 중에서 오로지 합리적 이성의 산물인 것은 하나도 없다. 모든 종교에서 사실이 먼저 주어지고, 그런 후에 증명들이 온다. 증명들은 길을 선도하지 않고 뒤에서 따라온다. 증명들은 믿지 않는 사람들을 위한 것으로 여겨진다.

신자는 불신자와 대화할 때에 "내가 믿기 때문에, 그것은 참되다"고 단언하는 것으로 만족할 수 없다. 신자가 근거들을 찾는 것은 자신의 믿음을 위한 것이 아니라, 자신이 믿고 있는 것이 외인에게 더 잘 받아들여지게 하고, 비판을 잠재우며, 불신앙을 위한 모든 변명과 핑계들을 제거하기 위한 것이다. 호교론은 믿음의 열매일 뿐이고, 믿음의 뿌리가 결코 아니다. 호교론자가 자신의 믿음을 알리고 확증하기 위해 제시하는 논증들은 흔히 다소 빈약하다. 만일 그의 믿음이 그런 논증들 위에 서 있는 것이라면, 그의 믿음은 대단히 약한 토대 위에 지어져 있는 것이 될 것이다. 그러나 사실 그의 믿음의 뿌리는 자신 속에 먼저 주어져 있는 사실을 밑받침하기 위해 그가 제시하고 있는 추론들보다 훨씬 더 깊은 곳에 있다.

우리는 과학적인 증명의 방식을 통해서 우리의 가장 깊은 확신들 및 우리의 세계관과 인생관을 얻거나 유지하지 않는다. 그런 것들은 지성이나 의지의 산물이 아니다. 그런 것들은 좀 더 깊은 곳, 즉 우리 영혼과 심령의 깊은 곳에 자리 잡고 있다. 그것들은 우리 자신의 일부다. 그것들은 우리의 본질의 일부다. 그것들은 우리가 태어나서 특정한 환경 속에서 양육되고 형성되면서 생겨난 것들이다. 피히테(J.G Fichte, 1762-1814)는 "한 사람이 선택한 철학은 그가 어떤 종류의 사람이 될 것인지를 결정한다"고 말했다. 한 사람의 사고의 형태는 흔히 다름 아닌 그의 심령의 역사다.

확신의 토대로서의 증언

이 확신은 좀 더 넓게 보았을 때에 이미 도덕적인 성격을 지니기 때문에 '믿음의 확신'이라고 부르는 것이 더 나을 수 있다. 하지만 이 확신은 어떻게 기원하는가? 사람이 앉아서 자신의 도덕적 본성을 묵상하면서 몇몇 추상적인 교의(敎義, dogmata)들을 전제하는 것인가? 물론 그렇지 않다. 통상적으로 믿음의 확신은 어린 시절에 생겨난다. 즉, 어린아이가 믿음을 통해서 특정한 공동체에 의해 권위 있는 것으로 받아들여진 도덕적이고 종교적인 입장들을 자신의 의식 속에서 채택할 때에 믿음의 확신이 탄생한다. 그런 후에 어린아이는 이 입장들을 자신이 궁극적으로 잘되는 것과 동일시한다.

이 믿음의 확신은 관찰과 사고로부터 도출되는 확신과 두 가지 점에서 다르다. 객관적으로 보았을 때에는 후자가 더 탄탄해 보인다. 과학적 확신은 모든 이성적인 존재들에게 타당한 근거들에 입각해 있고, 그 확신을 신뢰할 수 있다는 것은 이성을 부여받은 모든 피조물에게 증명해보일 수 있다. 진정한 과학의 결과물들은 우리의 이성을 강제하는 힘을 지니고 있다. 과학적으로 증명된 것인데도 확신하지 못하는 사람은 정상적인 사람이 아니라는 의심을 받게 된다.

하지만 이것은 종교나 윤리에서의 확신에는 적용되지 않는다. 믿음은 과학적인 논증에 의해서 훼손될 수 없는 것과 마찬가지로 확증될 수도 없다. 믿음은 언제나 참되거나 참된 것으로 여겨지는 계시, 권위, 신적인 말씀에 입각해 있기 때문에, 믿음의 확신은 언제나 믿음의 열매, 즉 어떤 이유에서든 이 권위를 인정하고 그 앞에서 무릎을 꿇고 순종하는 믿음의 열매다. 이 점에서 실제로 과학적 확신은 믿음을 통해 얻어지는 확신보다 더 보편적이고 더 탄탄하다.

그럼에도 불구하고 과학에서 유효하고 적절한 확신은 종교에서는 완전히 부적절하다. 과학적 확신은 아무리 탄탄하고 확고하다고 할지라도 언제나 인간의 논증을 토대로 하기 때문에, 이후의 더 나은 연구에 의해 뒤집어질 수 있다. 그러한 의심스럽고 오류가 있을 수 있는 확신은 종교의 영역에서는 불충분하다. 여기에서 우리는 무오한 신적인 확신, 인간의 모든 의심을 초월하고 우리의 기대를 절대로 저버릴 수 없는 확신을 필요로 한다. 그것은 현세와 내세에서의 우리의 삶을 맡길 수 있는 확신이어야 한다.

게다가 과학적 확신을 종교의 영역에 도입하게 되면, 종교는 이성의 문제가 되고 만다. 그런 경우에는 종교는 높은 수준의 지성을 지닌 소수의 전유물이 되고 말 것이고, 우리는 우리의 가장 절실한 관심사에서 과학적인 위계질서 ― 비관용과 폭정에서 종교개혁 이전의 로마 가톨릭을 능가할 위계질서 ― 에 종속되고 말 것이다. 그리고 양심의 자유는 더 이상 존재하지 않게 될 것이다.

그러한 과학적 확신이 영적인 삶으로 도입되면, 궁극적으로는 종교의 본질적인 본분이나 종교에 대한 모든 사람의 기대와는 정반대의 결과를 초래하게 될 것이다. 종교는 일차적으로 겸손, 신뢰, 의지, 순종, 단순성, 어린아이 같음을 포함하는 신앙이다. 그러나 종교에 과학적 확신이 도입되면, 겸손은 교만으로, 마음의 단순성은 지성주의로, 어린아이 같음은 자기를 높이는 것으로 바뀌게 될 것이다. 지식은 교만하게 하지만, 사랑은 덕을 세운다. 따라서 우리는 과학적 확신 외에 또 다른 형태의 확신, 즉 인간의 오류가 있을 수 있는 통찰이 아니라 흔들릴 수 없는 신적인 권위에 의거한 믿음의 확신이 존재한다는 것에 대해 불평할 것이 아니라 감사해야 한다.

모든 사람이 종교와 관련해서 그러한 신적인 권위를 받아들이고, 그 권위가 어디에서 어떻게 발견될 수 있는지에 대해 그 어떤 의심도 있을 수 없다면, 그러한 무오한 증언으로부터 믿음에 의해 얻은 지식을 신뢰할 수 없고 불확실한 것으로 여겨서 배척하는 사람은 아무도 없을 것이다. 사실 우리의 지식의 큰 부분은 다른 사람들의 증언에 입각해 있고, 오직 믿음의 방식으로만 얻어질 수 있다는 것을 부정하는 사람은 아무도 없다.

좀 더 넓은 의미에서의 믿음은 우리 자신의 인식의 증언을 신뢰하는 것을 포함한다고 말할 수 있다. 따라서 과학 전체와 특정한 학문들의 전제들과 원리들은 오직 믿음을 토대로 해서만 우리에게 확신을 지닐 수 있다. 우리의 감각에 의거한 인식과 지각이 신뢰할 수 있다는 것, 외부 세계가 객관적으로 존재한다는 것, 사고의 법칙들이 존재의 법칙들과 상응하고, 이른바 공리들이 모든 지식의 확고한 토대라는 것 — 이것들을 포함한 다른 많은 전제들은 증명될 수 없지만, 모든 증명 이전에 우리의 인식에 의한 직접적인 증언에 의해 참된 것으로 정립되어 있다. 이러한 것들을 전제들로 삼기를 거부하는 사람은 누구든지 진리로 나아가는 길을 스스로 봉쇄해버리는 것이기 때문에 의심의 제물이 되고 만다.

하지만 다른 사람의 증언에 대한 신뢰로서의 믿음은 좀 더 좁고 더 참된 의미에서도 학문에서 중요한 역할을 한다. 모든 사람은 아무리 박식한 사람이라고 할지라도 자신의 재능과 힘에 한계가 있고 시간과 공간의 제약을 받는다. 한 사람이 자유롭게 독자적으로 연구할 수 있는 것은 무한히 많은 학문의 영역에서 단지아주 작은 한 부분일 뿐이다. 그는 자신의 지식의 대부분을 다른 사람들의 연구에 빚을 지고 있고, 다른 사람들의 증언을 신뢰하여 참된 것으로 받아들인다.

이것보다 한층 더 중요한 것은 관찰 위에 세워지는 자연과학 외에 과거와 관련한 증언들 위에 세우는 것 외에는 다른 선택지를 가지고 있지 않은 역사학이 있다는 것이다. 물론 역사학자는 그러한 증언들을 철저하게 비판적으로 다루기는 하지만, 그럼에도 불구하고 언제나 그 증언들에 대해 상당한 정도의 신뢰를 가져야 한다. 역사와 관련해서 수학적이거나 실험적인 증명을 요구하는 사람은 역사학의 학문적 성격을 의심할 수밖에 없고, 자신이 원하는 확신을 결코 얻을 수 없다.

다른 사람들의 증언을 개인적으로 신뢰하고 믿는 것이 없이는 학문이라는 것은 존재할 수 없다. 따라서 종교와 신학은 개인적인 관찰이 아니라 신적인 증언에 의거하고 오직 믿음을 통해서만 우리에게 확증될 수 있다고 해서, 그것이 그 자체로 종교와 신학이 진리가 될 수 없다는 것을 증명해주는 것은 아니다.

우리가 다른 사람들의 증언에 의거해서 얻은 지식이 우리 자신의 관찰과 조사에 의거해서 얻은 지식보다 덜 가치가 있다고 볼 이유가 없지 않은가? 우리는 관찰과 조사를 행하면서 온갖 종류의 잘못들과 오류들에 노출될 수 있고, 이것은 다른 사람들의 경우도 마찬가지다. 결국 모든 것이 우리가 의지하고 있는 어떤 사람들과 그들의 증언이 과연 신뢰할 수 있고 믿을 만한가에 달려 있다. 그렇다면 우리가 어떤 사람들의 권위에 의거해서 얻는 지식은 우리가 우리 자신의 오류가 있을 수 있는 관찰로부터 얻는 지식보다 더 참될 수 있다.

종교에서는 오류가 있을 수 있는 인간이 아니라 하나님 자신이 증인으로 나서시는 것이기 때문에, 이 관점에서 보면 모든 학문 중에서 신학보다 더 확실한 것을 다루는 학문은 없다. 신학의 토대와 강점은 하나님이 말씀하신(라틴어로 Deus dixit ['데우스 딕시트']) 것을 다룬다는 것이다. 인간의 권위를 어떻게 감히 전능하신 분의 권위와 비교할 수 있단 말인가? 인간이 고난과 죽음 속에서, 그리고 현세와 내세에서 누구의 말을, 그 자신이 진리이신 분의 증언보다 더 온전히 자신의 마음과 생각 속에서 의지할 수 있단 말인가?

신적 권위의 존재를 감안했을 때, 사람들이 종교와 관련해서 문제 삼는 것은 종교가 우리의 믿음과 신뢰를 받을 자격이 있느냐 없느냐 하는 것이 아니다. 모든 사람이 종교는 그럴 자격이 있다고 추상적으로는 인정한다. 하지만 이 신적 권위가 어디에서 발견될 수 있고, 어떻게 인식할 수 있느냐고 묻는 순간 문제가 발생한다. 이 지점에서 사람들의 견해는 끝없이 나뉘기 때문이다. 인류 역사 속에서 수많은 종교들이 계속해서 등장했고, 모든 종교가 자신이 진리라고 주장했다.

동일한 종교 내에서도 그 추종자들은 계시의 본질과 권위, 내용과 범위를 놓고 견해가 나뉜다. 그렇다고 해서 진리가 발견될 수 있다는 것을 의심해서는 안 된다. 그렇게 의심하는 것은 하나님의 엄위하심의 영향을 결코 피할 수 없는 우리의 이성적이고 도덕적인 본성에 폭력을 가하는 것이 될 것이기 때문이다.

하지만 계시를 어디에서 발견할 수 있고, 어떻게 발견할 수 있느냐를 놓고서 이렇게 사람들의 견해가 무수히 나뉜다는 사실은 우리가 오직 오류를 범할 수밖에 없는 눈먼 인간이 계시를 발견할 수 있는 바로 그 곳에서만 진리를 찾게 해 달라고 하는 깊은 겸손과 정직한 소원을 지녀야 한다는 것을 보여준다.

따라서 믿음의 확신과 관련한 질문은 두 가지가 된다. 즉, 믿음의 확신은 우리가 고백하는 종교의 참됨과 관련된 것이거나, 그 종교가 약속한 구원에 우리가 개인적으로 참여하는 것과 관련된 것일 수 있다. 객관적인 종교적 진리와 관련된 확신이 존재하고, 믿음의 주체가 그 진리에 의해 약속된 은택들에 참여하는 것과 관련된 확신이 존재한다. 이 두 종류의 확신이 아주 밀접하게 서로 연결되어 있다는 것은 의심할 여지가 없지만, 그럼에도 불구하고 서로 뒤섞여서는 안 되고 구별해야 한다. 내가 어떤 것을 진리로 인정하는 믿음의 행위는 내 자신의 구원에 대해 확신하는 행위와 다르다.

확신의 힘

과학적 확신은 합리성에 의거하기 때문에 믿음의 확신보다 더 보편적인 토대를 지니지만, 개인에게 미치는 힘, 즉 영혼이 믿음 안에서 자신의 대상을 받아들여서 서로 결합되는 힘에 있어서는 후자(믿음의 확신)가 전자(과학적 확신)보다 월등하게 앞선다. 일단 한 사람이 어떤 증언을 신적인 것으로 인정하고 받아들이게 되면, 그 증언은 다른 어떤 말보다 더 강력하게 그 사람을 묶고 지배한다. 믿음의 확신들은 모든 것 중에서 가장 깊고 가장 친밀하며 가장 사랑스러운 것인 동시에 가장 끈질긴 것이다. 종교를 위해 싸우는 전쟁보다 더 끔찍하고 무시무시한 전쟁은 없다. 종교에 의해 불러일으켜진 증오보다 더 큰 증오는 존재하지 않는다. 그러나 하나님과 교제하는 삶으로부터 꽃을 피운 것들만큼 놀라울 정도로 풍부하고 고귀한 헌신과 자기부인과 사랑과 신실함과 인내와 미덕들도 없다.

종교로부터 꽃피는 그러한 미덕들 중 하나인 믿음을 위해 순교한 사람들의 수는 수천 명, 아니 수백만 명에 이른다. 반면에 과학을 위해 순교한 사람들의 수는 극소수다. 저 유명한 요한네스 케플러(J. Kepler, 1571-1630)는 생계를 유지하기 위해서 자신의 확신과 반대되는 점성술을 했다. 그는 궁핍한 어머니(천문학)가 어리석은 딸(점성술)을 의지해서 살아가야 했다는 말로 자신의 행동을 변명했다.

갈릴레오(Galileo Galilei, 1564-1642)는 종교재판을 받으면서 코페르니쿠스의 지동설이 옳다는 자신의 과학적인 확신을 세 번이나 번복했다. 그에게서는 처형을 두려워하는 마음이 과학을 사랑하는 마음보다 더 컸다. 지구가 돈다는 명제를 위해서 죽고자 하는 사람이 누가 있겠는가? 궁극적으로 그렇게 죽는 것은 개죽음이고, 결국 진실은 나중에 밝혀질 것이다. 누가 순전히 이론적인 진리를 위해서 자신의 재산과 명성과 생명을 포기하겠는가? 과학적인 확신은 화형장 앞에서 무릎을 꿇을 수밖에 없다.

하지만 믿음의 확신은 아주 다르다. 그것은 인간의 심령에 뿌리를 내리고서, 우리의 실존을 이루고 있는 아주 작은 부분까지 다 연루되어 있기 때문에 훨씬 더 강력하고 박멸될 수 없다. 어떤 사람이 당신 속에 깊이 뿌리내리고 있는 원리를 거론하며 당신에게 반대하는 경우에는 당신을 설득하는 것이 거의 불가능하다. 아니, 사실은 그 사람과 당신은 이성적으로 논쟁하는 것 자체가 불가능하다. 한 사람의 종교는 지극히 초당파적인 연구에서조차도 언제나 그 사람을 지배한다. 이것이 인류를 나누는 온갖 차이들의 토대에 있다.

따라서 참된 신자는 믿음을 지키기 위해서라면 교수형이든 인두로 지지는 것이든 십자가형이든 화형이든 어떤 대가를 치르더라도 전혀 아깝지 않다고 여긴다. 믿음은 가정이나 조국보다 더 소중하고, 배우자나 자녀들, 자신의 목숨, 이 세계 전체보다 더 소중하다. 자신의 믿음을 잃는 사람은 자기 자신을 잃고, 자신의 영혼을 잃으며, 자신의 영원한 구원을 잃는 것이기 때문이다. 반면에 믿음을 지키는 사람은 자신의 목숨을 잃는다고 할지라도 자기 자신을 지키게 된다.

그러므로 믿음의 확신은 가장 완벽한 안식이고, 지성의 가장 고귀한 자유다. 믿음은 의심하지 않고, 지붕 위에 있는 기왓장들 만큼이나 많은 수의 귀신들 앞에서도 담대하여 두려움이 없다. 믿음은 오직 하나님만을 두려워하고, 그 밖의 다른 것들은 두려 워하지 않는다. 믿음은 자신이 믿고 있는 것에 대해서 해가 하늘 에서 빛나고 있다는 사실보다도 훨씬 더 큰 확신을 갖는다. 의심 은 자기가 믿고 있는 것 외에는 모든 것을 의심한다. 르네 데카르 트(Rene Descartes, 1596-1650)가 "나는 생각한다. 그러므로 나는 존 재한다"(라틴어로 cogito ergo sum ['코기토 에르고 숨'])고 확신한 것처럼, 신자는 "나는 믿는다. 그러므로 나는 존재하고, 하나님은 존재하 신다"(라틴어로 credo, ergo sum, ergo Deus est ['크레도, 에르고 숨, 에르고 데우 스 에스트'])고 확신한다.

3

확신에 대한 탐구

믿음의 확신은 대단히 가치 있고 중요하기 때문에, 인류가 언제나 그런 확신을 찾아 왔다는 것은 이상한 일이 아니다. 이 마음의 안식이 없으면 인간에게는 영혼의 평강도 없다. 인간은 많은 방법들로 확신을 얻고자 하였다. 확신을 위해서라면 아무리 큰 희생도 마다하지 않았고, 아무리 혹독한 형벌도 견뎌냈으며, 목숨도 소중하다고 여기지 않았다. 인간은 율법들과 피의 희생제사나 피 없는 제사를 수반한 제의들을 지키거나, 육신을 매질하고 죽이거나, 엄격한 금욕주의나 방탕한 축제를 행함으로써 확신을 얻으려고 애썼다.

종교의 역사는 자연 재해들이나 사회 혁명들이나 전쟁들이 무색할 정도로 끔찍하고 광범위한 싸움들과 고통들을 보여준다. 종교와 관련해서 인간 내면의 역사의 면면들은 눈물과 한숨과 기도와 탄원과 싸움과 시험으로 점철되어 있다. 불확신, 의심, 두려움, 공포, 염려는 모든 사람의 심령과 삶을 갉아먹는다. 모든 나라의 찬송들은 심금을 울리는 애가들로 가득하다. 이 세상과 인생의 허무함이 가장 웅변적인 어조들로 표현되어 왔다. 인류 중에서 가장 위대하고 고귀한 사람들은 지독하게 두려운 내면의 갈등과 싸움을 겪어 왔다.

몇몇 가장 아름다운 시가들도 이 고난을 자신의 소재로 삼았다. 철학은 죽음의 수수께끼를 숙고한 데서 탄생했다. 예술과 학문의 기원과 목표는 인생을 견디는 것을 좀 더 수월하게 하는 것이다. 그리고 종교는 전체적으로 보았을 때에 가혹하고 가차 없는 자연에 맞선 인간의 두려운 싸움에서 신(神)의 도움을 받아서 인간을 지지해주고자 하는 하나의 거대한 시도다. 예술가들이나 과학자들과 마찬가지로 쾌락과 방탕에 몰두하는 사람들은 흔히 그들을 끈질기게 괴롭히는 염려를 무관심이라는 가면 뒤에 숨기고 있다. 그들은 쾌락이나 일을 통해서 그들의 영혼 속에 있는 불안으로부터 벗어나보려고 한다. 그런 것들은 그들의 공허한 삶과 그들을 고발하는 양심, 한 마디로 말하자면 그들 자신으로부터 도피하기 위한 수단들이다.

블레즈 파스칼(Blaise Pascal, 1623-1662)은 우리가 인류 가운데서 목격하는 모든 활동들과 사업들, 오락들과 쾌락들은 모두 "그들이 그들 자신의 방에서 조용히 머물러 있을 수 없다는 이 한 가지 사실로부터 생겨난다"고 진실을 말했다(팡세, 139).

기독교를 제외한 다른 종교들과 확신

우리는 이러한 관점으로부터 아주 간단하게나마 여러 종교들을 검토하고 판단하고 싶기는 하지만, 아마도 그렇게 하는 것은 불가능할 것이다. 그러나 한 가지 현상은 우리가 주목할 만하다. 그것은 한 사람 자신의 상태와 미래에 관한 확신이라는 문제는 기독교에만 특유한 것이 아니라, 다른 종교들에도 존재한다는 것이다. 이방 종교의 기본적인 기조는 소심한 염려와 두려움이다(종교를 가리키는 라틴어 religio ['렐리기오']와 헬라어 '데이시다이모니아'는 신들에 대한 두려움을 나타내는 단어들이다). 예수 그리스도 안에 있는 구속(救贖) 밖에서는 모든 사람이 하나님도 없고 소망도 없이 죽음을 두려워하여 노예상태로 살아간다. 그럼에도 불구하고 이방 세계는 두려움의 목소리만이 아니라 신뢰와 안식의 목소리도 낸다.

모든 종교적인 믿음들은 순교자들에게 영감을 주어 왔고, 그들은 자신의 피로 그것을 증언했다. 한 유명한 예가 소크라테스(Socrates, 주전 469-399)다. 주전 399년에 그는 아테네에서, 국가 종교에서 이탈해서 새로운 신들을 도입하고 자신의 가르침들로 젊은이들을 타락시켰다는 죄목으로 고발당했다. 그는 자신을 변호하는 변론 속에서, 자기는 일생 동안 신을 섬겨 왔다고 주장했다.

그리고 재판관들이 그가 신으로부터 받은 자신의 소명 ― 철학을 가르치는 일 ― 을 그만둔다는 조건으로 그의 죄를 사면해주고자 한다면, 그는 그것을 거부하고, 인간보다는 신에게 순종하는 쪽을 택할 것이라고 말했다. 그는 죽음을 두려워한 것이 아니라, 거룩하지 않고 불의한 일을 하는 것을 두려워했다. 그래서 그는 자기가 죽으면 삶의 괴로움들에서 벗어나서 신들에게로 갈 것임을 알았기 때문에 당당하게 죽음을 받아들였다. 그는 평정심을 잃지 않은 차분한 상태에서 독배를 마셨고, 자신의 믿음을 지킨 순교자로 죽었다.

소크라테스 외에도 그런 예들은 많고 쉽게 찾아볼 수 있다. 그런 모든 예들은 확신이 진리와 동일하지 않다는 것을 가르쳐준다. 진리는 언제나 확신을 가져다주지만, 확신은 진리를 증명해주지 않는다. 인간의 지성은 오류를 참된 것으로 여기고서 거짓된 쉼(안식)을 발견할 수 있다. 우리는 우리가 참이라고 믿고 싶은 것을 참된 것으로 믿는 것을 좋아한다. 하지만 확신 그 자체는 사람을 자유롭게 해주지 않는다. 오직 진리만이 사람을 죄와 죽음의 노예상태에서 자유롭게 해줄 수 있다. 하나님의 아들이 당신을 자유롭게 해주었다면, 당신은 진정으로 자유롭게 된 것이다.

그럼에도 불구하고 우리 그리스도인들은 변함없는 신뢰를 보여준 그런 예들 앞에서 부끄러워해야 한다. 그리스도인들은 그들보다 훨씬 더 큰 은혜를 받은 자들로서, 훨씬 더 밝은 빛 가운데서 행할 수 있는 사람들이기 때문이다. 하지만 기독교 세계는 이 점에서 언제나 좀 더 매력적인 그림을 보여주는 것은 아니다. 여기에서 우리는 죽음과 영원에 관한 생각을 억지로 억누르고서 염려 없이 살아가는 명목상의 그리스도인들을 말하는 것이 아니다. 또한 우리는 역사적 기독교 내에서 출현한 근대주의적인 운동들, 즉 모든 특별 계시를 배척함으로써 신자의 삶 속에서 믿음의 원래의 의미와 중심적인 지위를 박탈해버린 자유주의 운동들을 말하는 것도 아니다.

그러한 운동들에서 진리의 확신과 구원의 확신에 대해 말하는 것은 이제 더 이상 불가능하다. 그들은 그들을 비롯한 모든 사람이 현세와 내세에서 잘될 것이라고 추측하고 추정하며 생각하고 소망할 수 있고, 그러한 소망 가운데서 죽을 수 있다. 심지어 그들은 죽는 순간에서조차도 평정심을 잃지 않을지도 모른다.

그러나 그들이 사나 죽으나 주의 것이라는 분명한 인식, 그들이 하나님을 사랑하고 하나님의 뜻에 따라 부르심을 받았기 때문에 모든 것이 합력하여 선을 이룰 것이라는 흔들림 없는 확신, 영생에 대한 굳건한 확신과 소망, 박해와 죽음 앞에서 즐거워하는 것 — 이런 것들은 당신이 그들 가운데서 발견하지 못할 것이다. 그들의 노래는 의심과 우울함과 소망으로 가득 차 있지만, 담대하고 열정적인 믿음은 결여되어 있다.

더 허네스테트(De Genestet)의 '생각하는 용기'(Peinzensmoede)를

다 코스타(Da Costa)의 '하나님께 대한 찬양'(Hymne aan God)과 비교해 보라. 평신도 시인의 시라고 불신앙적인 노래는 아니다. 더 허네스테트는 창조주 하나님에 대한 신뢰를 굳게 붙잡고 있다. 그는 살면서 하나님의 손길을 인지하고 하나님의 목소리를 듣는다. 하지만, 그의 시는 믿음의 노래는 아니다. 오히려 비탄으로 가득한 불평이다.

> 나는 애타게 그리워했고 지쳤네
> 나의 희망은 비애이네
> 또 난 항복하네
> 당신 아버지에게.

> 내 생애 길에
> 내 비애 가득
> 눈먼 믿음으로
> 누구도 나를 빼앗지 못하리!

여기에 다 코스타(Da Costa)의 찬양시를 소개하니 그 차이를 찾아보라.

> 오, 긍휼의 하나님, 당신은 나를 내려다보십니다.

믿음의 확신

또 나는 새 지성으로 회복되나이다.

독생자 가운데 하나님께서 우리에게 돌아오시니

독생자 가운데 당신의 형상이 그려 있네요!

그 유일하신 분의 손이 나의 눈을 스치니

또 불신앙의 마음이 떨어졌네.

난 그분을 보았고, 난 나를 버렸고, 지옥은 물러갔네.

천국은 당신의 말씀으로 내 영혼에 솟아났네.

이 시는 전혀 다른 어투이고 완전히 다른 감정의 표현이다.

하지만 우리는 하나님의 특별 계시를 진정으로 받아들인 사람들조차도 언제나 믿음의 확신을 소유하고 있는 것은 아니라는 것을 인정해야 한다. 흔히 우리는 믿음 대신에 의심을, 변함없는 신뢰 대신에 염려를, 열심과 찬송 대신에 불평을 발견한다. 자신이 그리스도에 참여하고 있음을 확신하고서 하나님의 자녀의 영광의 소망 가운데서 기뻐하는 사람은 정말 극소수다.

로마 가톨릭과 확신

성 아우구스티누스(Augustinus, 354-430)를 따르는 로마 가톨릭교회는, 그리스도인은 몇몇 예외를 제외하고는 오직 하나님으로부터 오는 특별 계시를 통해서 자신의 영원한 구원을 확신할 수 있다는 것을 부정한다. 교회의 교령들을 지킴으로써 얻을 수 있는 확신은 하나의 견해 또는 추측(라틴어로 opinio conjecturalis['오피니오 콘옉투랄리스']) 이상의 것이 아니다. 이 확신은 요동할 수 없는 확신, 완벽하고 박멸할 수 없는 확신인 것처럼 보이는 경우에도 실제로는 결코 그럴 수 없다. 로마 가톨릭의 신학 체계 속에서는 그럴 여지가 존재하지 않는다.

거기에서는, 구원은 그리스도 안에서 확실하고, 성령의 증언에 의해 신자의 심령 속에서 인침 받는 것으로 보지 않기 때문이다. 구원은 선행에 달려 있고, 따라서 언제나 오직 조건적인 것일 뿐이다. 로마 가톨릭교회는 그리스도인이 독립적이 되어서 자신의 발로 서는 것을 결코 허용하지 않는다. 거기에서는 그리스도인을 놓아주는 법이 결코 없고, 언제나 장악하고 있고, 심지어 그가 죽어서 연옥에 있을 때에도 그를 놓아주지 않는다. 오직 교회만이 천국 문을 열거나 닫을 수 있다.

따라서 가톨릭교회에서 그리스도인의 믿음은 다음과 같은 질문을 하지 않는다: "내가 진정으로 믿고 있다는 것을 어떻게 알고, 나의 구원을 어떻게 확신할 수 있는가?"

거기에서 몰두하는 것은 그런 것과는 아주 다른 다음과 같은 질문이다: "어떻게 교회의 교령들을 지키고, 어떻게 교회의 판단과 선언에 따라 영생을 얻을 것인가?" 평신도는 가톨릭교회가 말하는 것을 그대로 행하기만 하면 되고, 나머지 다른 것들은 교회가 다 해주기 때문에 걱정할 필요가 전혀 없다.

그러나 가톨릭 신자는 선행을 통해 영생을 얻기 위해서 두 가지 방향 중 하나를 취할 수 있다. 하나는, 그렇게 하는 것을 아주 기꺼이 받아들이고서는, 이론에서는 아니지만 실천에서는 "내가 어떻게 그렇게 해낼 수 있겠는가"라고 반문하는 것이다. 다른 하나는, 영생에 관한 문제를 진지하게 받아들이고서는, 교회가 요구하는 모든 것을 엄격하게 지키려고 할 뿐만 아니라, 그 이상의 것을 하려고 하는 것이다.

그 결과 가톨릭교회에는 언제나 두 부류의 그리스도인들이 존재한다: 한 부류는 때때로 고해성사를 하고 미사에 참석하며, 교회가 요구하는 금식도 하지만, 다른 나머지 것들과 관련해서는 교회가 그들의 구원을 책임져줄 것을 믿고서 아주 피상적이고 염려 없는 삶을 살아가는 사람들이고, 다른 한 부류는 그러한 외적인 것들로 만족하지 못하고, 신비주의와 금욕주의를 통해 철저하게 종교적인 삶을 살면서, 세상과 분리되어 육체를 부인하고 하나님 앞에 나아가고자 하는 사람들이다.

우리는 개신교적인 관점에서 후자의 경건은 거짓된 원리 — 행위로 말미암는 의 — 에서 나오는 것이기 때문에 하나님께 무가치한 것이라고 판단하여 즉각적으로 비난하는 것을 삼가야 한다. 왜냐하면 그러한 판단이 아무리 많은 진리를 담고 있는 것이라고 할지라도, 우리는 그런 말을 하기 전에 가톨릭이 가르치는 선한 행위로 말미암는 의는 개신교가 가르치는 선한 교리를 믿는 믿음으로 말미암는 의보다 훨씬 더 바람직하다는 것을 상기해야 한다. 선행으로 말미암는 의는 적어도 이웃들에게 유익이 되는 반면에, 선한 교리를 믿는 믿음으로 말미암는 의는 오직 사랑 없음과 교만을 낳을 뿐이다.

또한 우리는 많은 가톨릭 그리스도인들이 자신들의 삶과 일에서 분명하게 보여주는 엄청난 믿음과 참된 회개, 완벽한 복종, 하나님과 이웃에 대한 열렬한 사랑에 눈을 감아서도 안 된다. 그리스도인의 삶이라는 것은 대단히 풍부해서 단지 하나의 형태나 한 교파의 담장 안으로 국한하는 경우에는 온전한 영광을 드러낼 수 없다.

그럼에도 불구하고 가톨릭의 경건은 그 최고의 형태라고 할지라도 개신교의 경건과 성격이 달라서, 언제나 자유롭지 못하고 해방되지 못한 형식적이고 율법주의적인 것에 머물러 있다. 거기에는 내면의 완벽한 믿음의 확신이 결여되어 있다. 가톨릭의 경건은 언제나 다음과 같은 질문의 여지를 남겨 놓는다: "내가 충분히 행하였는가, 무엇인가 다른 것을 해야 하지 않는가?"

로마 가톨릭에서는 의도적으로 신자들의 영혼을 건강한 긴장관계라고 불리는 불안한 상태 속에 둔다. 영적인 삶은 거짓된 확신과 고통스러운 불확신을 넘나든다. 가톨릭 신앙에서는, 성령이 우리의 영과 함께 우리가 하나님의 자녀라는 것을 증언하고, 하나님의 영의 인도함을 받는 모든 사람은 하나님의 자녀들이라는 성경 말씀을 받아들이지 않는다.

종교개혁과 확신

하지만 종교개혁은 많은 변화들을 가져왔다. 이 강력한 운동은 구원의 확신에 관한 절실한 필요에서 생겨났다. 마르틴 루터(Martin Luther, 1483-1546)는 처음에 선행에서 그 확신을 찾았지만 아무 소용이 없었다. 결국 구원의 확신이라는 보화를 찾아낸 그는 당시의 기독교 세계 전체에 맞서서 영웅적인 담대함으로 일어섰다. 그의 믿음은 아주 견고하게 닻을 내리고 있었고, 그의 소망은 아주 확실했다. 그래서 그는 그러한 믿음과 소망을 가지고서 자신의 모든 대적들 앞에 결연히 홀로 섰다. 하나님은 그의 편이었다. 그러니 누가 그를 가로막을 수 있었겠는가? 확신은 루터가 지닌 믿음의 특징이었을 뿐만 아니라, 모든 종교개혁자들이 지닌 믿음의 특징이기도 했다.

이것은 그들이 시험들과 싸움들을 전혀 경험하지 않았다고 말하는 것이 아니다. 그들에게는 믿음의 확신과 관련해서 언제나 추호의 의심도 없었다고 생각하는 것은 잘못이다. 그들은 모두 두려운 염려와 깊은 낙심의 시기들을 통과했다. 루터는 그의 큰 믿음에도 불구하고 자주 마귀와 이성을 상대로 무시무시한 싸움을 벌였다. 그는 종교개혁을 위해 자신이 바치는 수고가 과연 옳고 복된 일인지에 대해서도 자주 의심했다. 필립 멜란히톤(1497-

1560)도 흔히 심령이 억눌려 있었다. 장 칼뱅(1509-1564)은 자신의 경험을 토대로 해서 신자에게도 많은 의심과 염려가 있을 수 있다고 분명하게 증언한다.

그러나 종교개혁자들은 그러한 상태를 조장하거나 키우지 않았다는 점에서 그들의 제자들과 달랐다. 그들은 의심 속에서 그 어떤 선한 것도 볼 수 없었고, 의심 가운데 머물러 있는 것에 만족할 수 없었다. 그들은 의심에서 빠져나오기 위해 고군분투했고, 의심으로부터 자유롭게 되기 위해 애썼다. 종교개혁자들은 믿음의 힘으로 의심을 넘어섰다. 의심과 두려움이 아니라 변함없음과 확신이 그들의 영적인 삶의 통상적인 상태였다.

그들의 담대함은 낮아짐, 하나님을 신뢰하는 데서 오는 자기 확신, 오직 하나님의 은혜만을 어린아이처럼 의지하는 데서 오는 자유와 독립성에 뿌리를 두고 있었다. 그들의 감정은 그들의 이성을 지배하지 않았지만, 이성과 의지는 그들의 감정의 권리들을 부정하지 않았다. 그들의 손은 결코 게으르지 않았다. 머리와 가슴과 손이 놀라울 정도로 조화를 이루는 가운데 합력해서 일했다. 그들은 오직 종교적인 삶만을 바라보는 눈과 가슴을 지닌 제사장들이 아니었다. 그들은 이 세상을 그 운명에 맡겨둔 채로 홀로 물러나 있는 신비주의자들이 아니었다. 그들은 풍요로운 감정적인 삶을 도외시한 지성주의자들과 도덕주의자들이 아니었다. 종교개혁자들은 성향과 성품에서 서로 달랐지만, 모두 깊은 종교

믿음의 확신

적 본성을 지닌 사람들이었다.

그럼에도 불구하고, 아니 정확히 바로 그런 이유로 인해 그들의 눈은 가족 및 사회적이고 경제적이며 정치적인 삶에 계속해서 열려 있었다. 온갖 부자연스럽고 건강하지 못한 경건을 추구하는 것은 그들에게 이질적이고 낯선 일이었다. 그들의 종교적 삶은 그 중심에서 바르고 명확하고 분명하면서도 열정적이고 깊었다.

그들의 경건은 로마 가톨릭의 경건과는 많이 다른 모습을 지니고 있었다. 그들은 기독교의 핵심을 완전히 새롭고 독창적인 방식으로 이해했다. 그들은 성경이라는, 새롭게 해주고 살아 있는 원천으로 돌아가서, 성경에서 기독교 세계였던 유럽의 지형을 바꾼 정신과 힘을 이끌어내었다. 그들 안에서 다시 살아나서 그들의 말을 통해 전파된 것은 시편 기자들과 선지자들과 사도들의 경건이었다. 그리스도는 하나님의 아들이셨지만 인간의 아들(인자)이 되셔서 인간에게 속한 모든 것을 낯선 것으로 여기지 않으셨는데, 그들은 그런 그리스도를 본받은 사람들이었다.

믿음에 관한 그들의 설명도 이 기준에 부합한다. 그들에게 믿음은 소망과 견해, 추측과 추정, 지식과 동의 같은 것들이 아니라, **확실한** 지식과 **견고한** 신뢰, 온갖 의심과 두려움을 배제해버릴 정도로 아주 강력하고 최종적인 인식과 확신이었다. 그리스도인 안에 있는 소망에 대해 설명하고 있는 하이델베르크 요리문답에 나오는 겸손하면서도 담대한 말에 귀를 기울여보기만 해도 그것을 알 수 있다. 그리스도인은 자기가 예수의 교회의 살아 있는 지체이고, 영원토록 그럴 것임을 단호하게 확신한다. 그리스도인은 다른 사람들만이 아니라 자신도 오직 그리스도의 공로로 말미암아 순전히 은혜로써 죄 사함을 받았고 하나님에 의해 영원한 의와 구원을 수여받았다는 것을 어린아이처럼 믿는 믿음 가운데서 살아간다.

이 신앙고백 속에서 그리스도인은 한 음성을 듣는다. 그는 하나님의 자녀가 지닌 자유 안에 서 있다. 하나님의 성령은 그의 영과 더불어서 그가 하나님의 자녀라는 것을 증언한다. 그는 그것을 믿고, 그렇기 때문에 그렇게 말할 수 있다. 여기에서 그리스도인의 삶은 독립성을 얻었다. 그의 삶은 다른 어떤 피조물에게도 의존하지 않고, 오직 하나님과 그의 말씀에만 묶여 있다. 여기에서 믿음은 이 세상에 속한 어떤 사람이나 사물이 아니라 오직 하나님만을 발견한다.

정통주의와 경건주의, 그리고 확신

이 기쁜 음성은 도르트 신경(1618-19)을 만든 시기까지 울려 퍼졌다. 그러나 그런 후에는 점차 약화되었고, 불확신과 두려움이 믿음의 언어 속으로 들어왔다. 16세기의 믿음은 17세기의 정통주의가 되었다. 사람들은 이제 더 이상 자신의 믿음을 고백하지 않았고, 단지 자신들의 신앙고백서만을 믿었다. 이 정통주의 신앙

믿음의 확신

은 대부분의 사람들 가운데서 합리주의로 나아가는 길을 열어주었다. 종교는 이성의 문제가 되었고, 영원한 것들에 관한 진리는 이제 역사적 증거들과 합리적 논증에 의존했으며, 믿음의 확신은 이성적인 통찰과 혼동되었다.

다른 한편으로 이러한 정통주의 신앙은 신실한 자들의 작은 무리 내에서 또 다른 반발을 불러일으켰다. 그들은 단지 이성적인 지식으로 만족하지 않았고, 구원의 핵심을 체험하고자 했다. 이 운동은 점차 경건주의로 발전되어갔다.

참된 믿음을 지닌 점점 더 많은 사람들이 역사적이고 현세적인 믿음의 조잡한 형태들이 발전되어가고 있는 것을 보면서, 믿음에 대한 확신을 잃어가기 시작했다. 삶과 죽음 간의 차이, 그리스도 안에서 하나님의 은혜를 진정으로 믿는 것과 진리에 대해 순전히 이성적으로 동의하는 것 간의 차이 같이, 이 서로 다른 믿음들 간에 본질적인 차이가 있다는 것은 분명했다.

그러나 혼동, 자기기만, 거짓된 안정감의 큰 위험이 존재했다. 참된 은혜와 거짓 은혜 간의 차이, 거듭났지만 최악의 상태로 살아가는 것과 자신의 힘으로 최선을 다해 살아가는 것 간의 차이를 지적하는 것은 어렵고 힘든 작업이었다. 그래서 신자는 자신의 믿음의 실체에 대해 확신을 가지기 위해 내면으로 향했다.

신자들은 자기 자신을 성찰하기 위해서 이내 경건한 저술가들이 쓴 묵상과 관련된 저작들을 지침으로 삼기 시작했다. 이 저술가들은 영혼의 삶을 그 가장 내밀한 시작들로부터 추적해서, 그 삶의 아주 은밀하게 감춰져 있는 동기들을 분석했고, 미묘해서 흔히 헷갈리는 일련의 긴 표징들을 통해 영혼의 삶을 설명했다. 하나님과 교제하는 감춰진 삶을 이렇게 깊고 진지하게 연구한 때는 전에도 없었고 이후에도 없었다.

그들은 당시의 차가운 정통주의 신앙에 반발해서, "아는 것으로는 충분하지 않고, 진정한 믿음은 체험이라"고 말했다. 다른 사람들이 영적인 것들을 설명하는 것을 듣는 것으로는 충분하지 않고, 자신의 눈으로 그것을 보아야 한다. 박식한 의사처럼 질병에 대해 말하는 것으로는 충분하지 않고, 질병도 경험해보고 고침도 경험해보아야 한다. 전자(차가운 정통주의)는 단지 역사적인 말씀을 아는 차가운 지식일 뿐이다. 사람은 오직 체험을 할 때에만 비로소 진리를 깨닫게 된다. 체험을 하게 되면 성경의 말씀들 속에서 이전과는 완전히 새로운 영적인 의미를 발견하게 된다. 성경은 우리에게 표면상의 진리 배후에 감춰져 있던 진리를 보여주는데, 이것은 성경이 무엇인가 다른 것을 말하고자 하기 때문이 아니라, 우리가 체험을 통해서 성경으로부터 우리의 심령에 유익한 것들을 얻을 수 있게 되었기 때문이다.

천국으로 가는 길에서 반드시 체험해야 하는 것들의 목록이 점차 확대되었다. 그 목록은 자신의 참상을 깊이 느끼는 것, 죄책에 대한 고통스러운 체험, 시내 산 율법으로부터 들려오는 무시무시한 천둥소리에서 시작했다. 율법에 의해 선포된 멸망의 심판을 듣지 못한 사람은 복음이 선포하는 죄 사함의 필요성을 느끼지 못한다. 위대한 치유자를 필요로 하는 것은 건강한 사람이 아니라 병든 자다. 예수께서는 의인들이 아니라 죄인들을 부르셔서 회개시키기 위해 오셨다. 믿는 부모, 세례, 기독교적인 양육, 신앙고백, 성찬 — 이런 것들은 그러한 체험을 불필요한 것으로 만들지 않는다.

하나님의 은혜로 복을 받는다는 성경 말씀을 우리는 복된 말씀으로만 받아들여서는 안 되고, 많은 사람들이 그랬듯이 우리도 영원에 관한 문제에서 속임을 당하지 않아야 한다는 경고로 받아들여야 한다. 언약의 자녀들을 포함해서 모든 사람은 자기가 멸망 받게 될 자로서 곤경에 처해 있다는 것을 알고서 세리처럼 자신이 놓여 있는 깊은 참상 속에서 은혜를 달라고 부르짖는 법을 배우기 위해서는 하나님의 율법에 의한 심판을 통과해야 한다.

자기가 멸망 받게 될 곤경에 처해 있다는 느낌은 오랜 시간 지속될 수도 있고, 단지 잠시 동안만 경험할 수도 있다. 한 줄기의 빛이 영혼 속으로 침투해 들어와서 눈이 열려 그리스도 예수 안에 있는 구속을 보게 되었다고 할지라도, 그 즉시 하나님의 약속들을 믿고 의지하지 못할 수도 있다. 그럴 경우 상상 속의 믿음이나 훔친 믿음이 될 위험성이 있고, 훔친 물건으로는 잘될 수 없기 때문이다. 먼저, 믿을 수 있는 권리와 담대함이 하나님에 의해 주어져야 한다. 따라서 온갖 종류의 영적인 준비가 믿음으로 하나님의 약속들을 받아들이는 행위보다 선행되어야 한다.

믿음은 처음부터 즉시 확실해지는 것이 아니다. 믿음의 시작과 제대로 선 믿음은 차이가 있고, 피난처를 구하는 믿음과 확고한 믿음은 차이가 있다. 믿음을 갖고 나서 처음 여러 해 동안은 한숨과 애통함, 기도와 소망으로 점철된다.

확신은 오랜 세월에 걸쳐 일련의 체험들을 한 후에야 얻어진다. 확신은 믿음과 함께 주어지지 않고, 믿음 자체로부터 나오지도 않는다. 확신은 흔히 특별 계시들에 의해 외부로부터 기계적으로 더해진다. 확신은 종종 어떤 성경 구절이 갑자기 우리의 영혼에 침투해 들어옴으로써 생겨나기도 하고, 우리 영혼이 갑자기 영광스러운 빛으로 차고 넘쳐서 욥과 같이 "내가 여호와를 대면하여 보았고, 내 영혼이 구원을 받았다"고 말하지 않을 수 없게 될 때에 생겨나기도 한다. 때로는 주 예수께서 그를 구하는 영혼에게 친히 나타나셔서 하늘의 기쁨으로 가득 채우기도 하신다. 또는 신자가 바울처럼 삼층천으로 끌어올려져서 왕의 궁정으로 들어가는 체험을 하기도 한다. 오직 그럴 때에만 그는 최고 단계의 믿음에 도달하고, 확고한 믿음을 지닌 신자들의 반열에 들게 된다.

그러나 지금까지 그런 단계에 도달한 사람은 극소수다. 대부분의 신자들은 생명의 길을 따라 앞으로 나아가다가 계속해서 넘어져서 탄식과 슬픔 속에서 지낸다. 그들은 언제나 자신의 참상에 잡혀 있는 가련하고 비참한 사람들이어서, 그리스도 예수 안에서 그들의 것이 된 구속의 기쁨을 별로 누리지 못하고, 기쁨과 감사의 삶에 결코 도달하지 못한다. 그들은 아담의 부패한 자손이자 하나님의 심판 아래 있는 죄인들이라는 말을 듣는 것을 더 선호하고, 하나님이 지렁이 같은 야곱과 이스라엘 백성에게 주신 약속들에서 위로를 받는다.

그들의 영혼 속에는 빛과 행복이 없기 때문에, 그들을 둘러싼 모든 것은 어둡고 암울하게 보인다. 그들은 이 땅에서의 삶을 괴로움과 슬픔의 삶이라고 말한다. 이 세상은 그들에게 눈물 골짜기, 사막, 메섹 같은 곳일 뿐이다. 그들은 이 세상으로부터 완전히 물러나서, 뜻이 맞는 사람들의 좁은 무리 가운데서만 살아가고자 하기도 한다. 가족과 사회, 학문과 예술, 국가와 교회는 불신앙과 혁명에 완전히 넘어가서 철저하게 망가지고 구속될 수 없게 된 것으로 여겨진다. 이러한 사람들의 영적인 삶은 오직 소집단의 토론들과 옛 저술가들의 글을 읽는 것을 통해서만 자양분을 얻는다. 나머지 시간들에 그들은 자신에게 주어진 의무들을 인내로써 수행하는 가운데, 자신의 죄의 몸을 벗게 될 날이나 그리스도가 속히 재림하실 날을 묵묵히 기다린다.

경건주의에 대한 반발들

17세기 동안에 가장 선하고 가장 경건한 사람들의 믿음은 네덜란드의 모든 개혁 교회들에서 그런 수준까지 발전했었다. 그러나 그러한 상황은 오래 지속될 수 없었다. 그렇게 대체로 두려움을 지니고서 고립된 삶을 살아가는 것은 참되고 완벽한 기독교 신앙일 수 없었다. 그렇게 슬퍼하는 것은 예배가 아니었고, 그러한 탄식들은 믿음이 아니었으며, 그런 식으로 세상과 싸우는 것은 세상에 대해 승리한 것이 아니었다.

그 결과 무엇인가 그런 것과는 다르고 더 나은 것이 출현하기를 바라는 갈망이 널리 퍼져 있었다. 여러 가지 다양한 운동들이 확신을 얻기 위한 더 나은 길을 보여주려고 애썼다. 이 운동들은 두 가지 주된 노선으로 요약해볼 수 있다: 루터파에서 생겨난 모라비아 형제단과 개혁파 진영에서 생겨난 감리교도들.

모라비아 신자들은 영혼들을 얻어서, 율법이 아니라 복음을 통해서, 시내 산으로부터 들려오는 천둥소리가 아니라 골고다에서 들려오는 사랑의 음성을 통해서, 모세라는 엄격한 인물이 아니라 예수라는 친근한 인물을 통해서 가장 큰 행복으로 이끌고자 했다.

니콜라우스 폰 친첸도르프(N. von Zinzendorf, 1700-1760)는 경건주의자들이 말하는 참회를 위한 싸움(독일어로 Busskampf['부스캄프'])이나 갑작스러운 체험(독일어로 Durchkruch['두르흐크루흐'])에 전혀 흥미가 없었다. 그는 그들을 불쌍하고 불행한 그리스도인들이라고

믿음의 확신

불렀다. 친첸도르프는 탄식하며 슬퍼하는 믿음을 원하지 않았고, 찬송하며 기뻐하는 기독교를 원했다. 그렇게 하기 위해 필요한 모든 것은 사랑하는 구주를 선포하는 것이었다. 감수성이 풍부한 심령에게는 구주께서 자신의 고난과 죽으심, 그의 피와 상처들을 통해서 보이신 죄인들에 대한 무한한 사랑을 생생하게 설명해주는 것만으로 그렇게 하기에 충분해 보였다.

그들에게 말해주어야 할 것은 그리스도의 구원 사역과 성령에 의한 생명의 수여다. 십자가의 복음에 의해 감화를 받는 사람들은 예수의 상처들을 의지하여 그와의 혼인 언약 속으로 들어가서 죄책과 죄의 지배로부터 해방된다. 그런 후부터 그들은 행복하고 감사하며 무거운 짐을 지지 않은 삶을 살아가게 되고, 예수의 말씀들을 기억하는 것과 풍성한 예배와 감정을 일깨워주는 많은 찬송들을 통해서 자양분을 섭취하고 힘을 얻게 된다.

감리교인들은 또 다른 노선을 선택했다. 감리교인들은 모라비아 형제들보다 죄책감을 더 깊이 경험했기 때문에, 영혼에 충격을 주어서 거짓된 안정감에서 벗어나게 하는 것이 필수적이라고 느꼈다. 열렬한 설교들, 죽음과 지옥에 관한 무시무시한 설명들, 감정을 자극해서 떨쳐 일어나게 만드는 찬송들을 통해서 깊은 죄책감을 불러일으키는 것이 믿음보다 선행되어야 한다. 그리고 그런 후에는 즉시 은혜를 전하고, 구원으로의 초대를 제시했다.

영혼은 지옥 속으로 내려가서 자기 자신을 알고 나서 이번에는 하나님을 알기 위해 하늘로 올라갔다. 감리교는 구원의 모든 체험을 한 순간으로 압축해서, 가장 깊은 참상과 가장 높은 복됨을 나란히 놓았다. 멸망 받게 될 영혼으로서의 죄인의 자리에 앉아 있는 사람은 바로 그 순간에 그리스도에 의해 발견된다. 그는 자신의 죄책을 알고 지옥에 떨어져야 마땅한 자로서 앉아 있다가, 죄 사함을 받고 천국을 기업으로 받고서는 일어선다.

따라서 믿음은 즉각적이고 온전하게 확실한 것이었다. 왜냐하면 믿음은 깊은 저주로부터 갑자기 생겨났고, 이전의 상태와는 극명하게 대비되는 것이어서 전적으로 확실한 것이었기 때문이다. 믿음은 깨달음의 밝은 빛 가운데서 탄생한다. 감리교인들은 자기가 거듭난 날과 시간을 알고 있다.

존 웨슬리(John Wesley, 1703-1791)는 1738년 5월 24일 오후 9시 15분에 회심했다. 이러한 노선을 따라 믿음의 확신을 얻게 된 사람들은 자신의 상태를 의심할 필요가 없다. 이제 자기 자신을 끊임없이 살펴보거나 자신의 믿음의 실체를 시험하기 위해 내면을 들여다볼 필요가 없었다. 사람들은 자기가 사망에서 생명으로 옮겨졌고, 이제 그들에게는 해야 할 더 중요한 일들이 있다는 것을 알았다. 칭의는 단번에 최종적으로 이루어져서 언제나 존재했고, 이제 그들 앞에 놓여 있는 과제는 성화였다. 그리고 그들 주변에는 그들과 동일한 방식으로 구원받아야 할 멸망에 처한 영혼들이 가득한 세상이 있었다. 이제 그들은 회심하였기 때문에, 그들에

믿음의 확신

게는 다른 사람들을 회심시켜서 예수를 위해 가능한 한 많은 영혼들을 얻는 것보다 더 큰 소명은 없었다.

이 두 운동은 기독교에 강력한 영향을 미쳐 왔다. 그들은 그리스도인들을 깨워서 내면 속에서 자기 자신을 성찰하는 것으로부터 벗어나게 하고 고립으로부터 불러내어서, 다시 세상과 싸움을 하게 만들었다. 그들의 선도 아래에서 국내와 국외 선교가 강력한 추진력을 얻게 되었다. 또한 이 회중들은 주일학교를 비롯해서 수많은 모임들을 조직하는 데 앞장섰다. 이 운동들의 결과로 성경과 소책자들의 배포, 복음 전도, 자선 사업, 그 밖의 다른 기독교적인 사역들이 생겨나서 하나님 나라를 확장시키는 데 기여했다. 기독교 전체가 잠에서 깨어나서 무기력을 떨쳐버리고서 새롭고 생명력 넘치는 삶을 시작하게 되었다.

그럼에도 불구하고 **이 두 운동이 기독교적인 비전을 협소하게 만들었다**는 것은 부정할 수 없다. 이 두 운동 중 어느 쪽도 사도신경의 첫 번째 조항, 즉 하나님이 전능자이시고 천지를 지으신 분이라는 것에 충분한 주의를 기울이지 않았다. 이 땅에 존재하는 예술과 학문, 문학과 정치, 가족과 사회 같은 영역들의 온전한 의미와 중요성이 제대로 인식되지 않았고, 따라서 이 영역들 속에서 기독교적인 원칙들을 토대로 한 개혁과 갱신도 이루어지지 않았다. 예수의 상처들을 의지해서 회심한 후에 나가서 다른 사람들을 회심시키는 것이 그리스도인으로서의 삶의 내용물 전체인 것으로 보였다.

흔히 감상주의와 건강하지 않은 감수성이 모라비아파의 특징이었고, 광신적이고 분별없는 활동이 감리교의 특징이었다. 감정과 의지를 중시하는 바람에 흔히 지성적 인식은 억압되었고, 인간에게 주어진 역량들과 실제로 발휘하는 능력들 간의 조화가 존재하지 않았다.

하나님의 자녀들에게 주어진 자유, 즉 이 세계를 다스리는 것, 모든 빛의 아버지가 주신 온갖 선한 선물을 감사함으로 누리는 것, 이 땅에서 주어진 직업을 신실하게 수행하는 것, 열린 눈, 넓게 보는 것, 넓은 마음 같은 것들은 하나도 열매를 맺지 못했다. 흔히 그리스도인의 삶은 인간의 삶과 별개이고, 때로는 인간의 삶 위에 있거나, 어떤 때는 심지어 인간의 삶과 적대적인 것으로 여겨졌다. 여기에서 기독교는 반죽과 뒤섞여져서 반죽 전체를 발효시키는 누룩의 모습이 아니었다.

더 큰 불확신

이러한 서로 다른 요소들이 믿음의 삶과 뒤섞이면서 더 큰 불확신이 초래되었다. 믿음은 계속해서 서로 다른 방향들 — 정통주의자, 경건주의자, 모라비아교인, 감리교인, 합리주의자, 신비주의자 — 을 추구하였고, 이것은 믿음이 일관된 노선을 취하여, 우리 주 예수 그리스도의 은혜와 그를 아는 지식에서 꾸준히 자라가는 것을 방해했다. 하지만 종교적 관점에서의 이러한 차이들보다 한층 더 영적인 삶에 타격을 준 것은 인간의 인식 능력에 대한 철학의 단호한 판단, 진리의 원천인 성경에 대한 역사적 연구의 영향이었다.

이마누엘 칸트(I. Kant, 1724-1804) 이래로 하나의 철학적인 개념이 점점 더 폭넓게 받아들여지게 되었다: "인간은 유한하고 제한된 감각 인지에 의해 속박되어 있기 때문에 보이지 않는 영원한 것들에 대한 참된 지식에 결코 도달할 수 없다."

역사비평은 신앙고백들만이 아니라 선지자들과 사도들의 성경조차 신뢰할 수 없고 믿을 수 없다고 선언함으로써 그러한 입장을 더욱 강화시켰다.

이렇게 해서 이제 우리는 우리의 외부에서만이 아니라 우리의 내면에서도 그 어떤 확신을 발견할 수 없게 되었다. 오직 우리 자신의 눈으로 보고, 우리의 손으로 만지는 것만이 확실한 것의 모든 것이다. 우리가 이것을 넘어서는 순간, 인간의 복종을 요구할 권위를 지닌 것은 아무것도 없다. 눈으로 볼 수 없는 것들과 관련해서는 각 사람이 자신의 척도이고, 한 사람의 견해는 다른 사람의 견해만큼 타당하다. 따라서 우리는 내일 죽더라도 먹고 마셔야 한다. 또는, 적어도 각 사람은 자신의 방식대로 구원을 찾아야 한다. 종교는 사사로운 문제이기 때문이다. 이 영역에서 진리에 접근할 수 있는 사람은 아무도 없다.

이러한 불신앙의 철학은 심지어 그리스도를 고백하는 사람들 가운데서도 우리가 생각하는 것보다 더 빨리 전파되고 있다. 그리고 상당수의 대중들은 이러한 사고방식 속에서 살아가고 있다. 그들은 의심으로 인해 내적으로 이 길인지 저 길인지를 놓고 갈팡질팡하고 있고, 바다의 파도들처럼 위로 솟았다가 아래로 꺼지는 것을 반복하고 있어서, 그들에게서 평안이나 기쁨은 발견할 수 없다.

흔히 신자의 이름을 지닌 사람들은 온갖 종류의 것들에 대한 요란한 관심 배후에 그들의 심령 속에 있는 불확신을 감추고 살아간다. 그리고 신학자들은 학설들의 미로를 뚫고 영원한 것들을 알게 해주는 길을 제시하는 데 노력을 아끼지 않는다. 우리는 마음의 평안을 위해 필수적인 이 믿음의 확신을 어떻게 얻을 수 있는가?

확신으로 나아가는 길

과학과 종교의 중요한 차이는 과학은 인간적인 확신으로 만족할 수 있는 반면에, 종교는 신적인 확신을 요구한다는 것이다. 믿음의 대상은 전적으로 믿을 수 있고 무오하며 영원한 진리여서, 우리가 사나 죽으나 현세와 내세를 위해 그것을 의지할 수 있어야 한다. 이 땅에 속한 대부분의 일들에서 우리는 어느 정도의 개연성으로 만족할 수 있다. 하지만 그 가장 깊은 토대에서 언제나 인간의 영원한 구원과 관련되어 있는 종교에서는 완벽한 확신이 필수적으로 요구된다. 영원과 관련된 우리의 소망의 토대는 사람이 하는 말일 수 없고, 과학적인 탐구의 결과일 수도 없으며, 우리의 상상력에 의해 만들어진 이상일 수도 없고, 인간의 추론 위에 세워진 명제일 수도 없다. 그런 것들은 모두 불안정하고 오류가 있을 수 있기 때문이다. 그런 것들은 언제 무너져서 폐허로 변할지 모르기 때문에 우리의 소망이라는 건물을 떠받쳐줄 수 없다. 믿음 — 종교적 믿음 — 은 본질상 오직 하나님으로부터 온 말씀과 약속, 하나님의 입에서 나와서 자연적으로나 초자연적으로 인간에게 계시된 것만을 의지할 수 있다.

따라서 모든 종교가 계시를 근거로 하는 것은 결코 우연의 일치가 아니다. 모든 종교는 그 기원이 특별 계시에 있거나, 지속적인 계시를 토대로 해서만 살아남을 수 있다. 종교들은 인간의 탐구에 입각한 것이라고 주장하는 경우는 없고, 오직 신적 권위에 의거한다. 이것은 종교의 본질에서 기인한다. 계시는 종교의 전제이고, 토대이며, 이면(裏面)이고, 필수적인 한 짝이다. 종교가 신의 이름과 권위로 행하고자 하지 않는 것은 그 본질을 잃는 것이다. 그런 경우에는 신화나 종교 철학이 되고 만다. 게다가 사람들에 대한 영향력도 상실하게 된다. 사람들은 언제나 종교에서 인간적인 견해 이상의 것을 기대하기 때문이다. "하나님이 말씀하셨다"(라틴어로 Deus dixit['데우스 딕시트'])로부터 교의를 도출해내지 않는 신학은 자신의 토대를 훼손하는 것이고, 그 안정성을 상실하는 것이어서, 머지않아 붕괴하여 폐허로 변하게 되고 말 것이다. 계시와 신적 권위는 종교가 의지할 수 있는 유일한 기둥이다.

물론 그렇다고 해서 종교가 언제나 이러한 권위를 끔찍할 정도로 악용하고 남용해 왔다는 것을 부정하는 것은 아니다. 종교의

믿음의 확신

영역에서보다도 더 많은 기만이, 크고 작은 규모로 교묘하거나 노골적으로 행해져 온 곳은 없었다. 대중선동가들은 자신의 이기적인 목적을 이루기 위해서 이 신적 권위를 악용해 왔다. 사제들은 하나님의 뜻을 대변하는 자들로 자처하고서, 사람들을 그들에게 종속시켜서 그들의 이익과 권력을 위해 종노릇하게 만들어 왔다. 미신, 주술, 점술을 비롯한 많은 야만적인 것들이 기생 식물들처럼 신적 권위라는 몸통에 찰싹 들러붙어서 기생해 왔다. 인류 역사 전체에 걸쳐서 종교라는 이름으로 불의하고 잔혹한 일들이 셀 수 없이 많이 저질러졌다. 모든 종교들이 더 큰 하나님의 영광을 위한 것이라는 명목 아래 저지른 일들 때문에 사람들이 흘린 피와 눈물의 강은 넓고 깊게 도도히 흐르고 있다.

하지만 이 모든 것들은 신적 계시와 신적 권위가 종교의 토대라는 사실을 조금도 훼손하지 못한다. 도리어 그런 것들은 이 사실을 확증해준다고 할 수 있다. 왜냐하면 사람들이 그렇게 서로 죽기 살기로 싸운 것은 자신들이 하나님의 대의를 섬기고 최고선을 증진시키기 위한 것이라고 확신했던 까닭이었기 때문이다. 이것은 과학이나 예술과는 달리 종교는 신적 확신을 요구한다는 사실을 다시 한 번 확인해준다. 인간의 영혼은 오직 하나님 안에서만 완벽한 쉼을 발견할 수 있다. 인간의 영혼은 오직 무오한 권위에 의해서만 온전히 만족할 수 있다. 따라서 설교자는 하나님의 말씀을 전할 때에만 힘이 있다. 하나님의 말씀과 상관없는 설교는 아무런 영향력도 없고 힘도 없다. 설교자는 강대상으로 올라가서 사람들 위에 서서, 그들에게 신앙과 삶의 준칙을 제시하고, 그들이 그것을 받아들이느냐 거부하느냐에 따라 그들의 영원한 복이나 화를 결정할 수 있지만, 설교자에게 그런 권한을 주신 분은 하나님이지 않는가?

과학적인 증명

이것이 사실이라면, 더 중요하고 더 어려운 질문이 제기된다: "우리가 인정하고 순종할 수 있는 그 신적 권위는 어디에서 발견할 수 있고, 어떻게 발견할 수 있는가?"

이 질문에 대답하기에 앞서 먼저 우리는 이 딜레마를 완벽하게 해결하는 것은 불가능하다는 것을 솔직하게 고백한다. 과학에서는 어떤 명제를 증명하고자 할 때에 그 명제를 지지해주는 전제만을 사용하고, 그것과 상반되는 다른 모든 전제들을 제외하는 방식으로 증명을 시작할 수 없다. 모든 증명에서는 특정한 명제에 대해 찬성하거나 반대하는 모든 사람들이 인정하는 공통된 토대를 전제하고, 그것을 출발점으로 삼는다. 모든 공리들을 부정하는 사람을 상대로 해서 이성적으로 논증하는 것은 불가능하다. 학문들이 어떤 것을 증명하고자 할 때에 사용하는 전제들은 서로 다르다. 즉, 수학, 자연과학, 철학, 역사학이 사용하는 전제들은 서로 다르다. 학문들이 자신의 전제들을 어떻게 구성하고 얼마나 많이 사용하며, 어느 정도의 힘을 부여하고 연구 주체와 그의 태도에 어느 정도 의존하느냐 하는 것은 학문마다 다르다.

수학적 증명은 최소의 것만을 전제한다. 따라서 가장 보편적인 타당성을 지니게 되고, 아주 설득력 있는 증명이 된다. 논리적 증명은 아주 많은 전제들로 시작하기 때문에, 상대방을 확신시키지 못하는 경우가 자주 있다. 역사적 증명은 연구 주체의 영향을 한층 더 강하게 받기 때문에, 설득력이 약한 경우가 흔하고, 개연성 이상의 것을 만들어내지 못하는 경우도 허다하다. 하지만 학문들이 어떤 증명들을 제시하든, 그 증명들은 언제나 인간 본성의 단일성과 일관성 위에 세워진다. 따라서 그 증명들은 감각들의 신뢰성에 대한 믿음, 논리 법칙들의 타당성에 대한 믿음, 인간이 알 수 있는 진리의 존재에 대한 믿음, 하나님의 참되심에 대한 믿음 위에 세워진다. 학문적인 증명들은 수많은 형이상학적이고 논리적이며 심리학적이고 윤리적인 전제들을 토대로 한다. 이 전제들은 미리 확정되어 있고, 독자적으로 참되며, 자명하고, 증명될 수 없지만, 모든 증명의 수단들이 된다. 오직 의심으로 시작하기 위하여 그 전제들을 철저하게 파헤치려고 하면, 학문의 토대들은 훼손되고 확신을 얻는 것은 불가능하게 된다.

종교의 영역에서는 한층 더 그러하다. 모든 종교 및 도덕을 떠나서 모든 종교에 대해 아무런 편견이 없고 중립적일 수 있는 사람은 아무도 없다. 오직 상상 속에서만 존재하는 추상적이고, 피

[血]가 없는 그러한 존재에게 어떤 종교가 진리라는 것을 증명하고자 하는 것은 헛된 시간 낭비일 뿐이다. 누구나 어린아이 때에 특정한 언어를 말하는 것을 배우면서, 그 언어를 통해서 온갖 종류의 종교적이고 도덕적인 개념들을 전수받는데, 그 개념들은 그 사람의 삶이 끝날 때까지 그의 준칙이 되어 그의 모든 사고와 의지를 지배한다.

아무런 선입견 없이 모든 종교를 연구해서 마지막에 참된 종교 하나를 찾아내고자 하는 오늘날의 방법론은 실천적으로나 이론적으로나 온갖 극복할 수 없는 난관들에 부딪치게 된다. 태어나면서 마음에 심겨지고, 학문적인 탐구를 하는 동안이나 그 이전에 지니게 된 온갖 확신들과 선입견들을 제거하는 것이 불가능하다는 것은 누구나 금방 알 수 있기 때문이다. 어떤 사람이 철저하게 하나님을 믿지 않는 사람이라고 할지라도, 그의 어린 시절에 그에게 각인된 종교적인 선입견들은 죽을 때까지 계속해서 그에게 어느 정도의 영향력을 미친다. 그리고 심지어 신학 교수를 하다가 신념이 변해서 비교종교학 교수가 된 사람들조차도 자신이 전에 몸담고 있던 가톨릭이나 루터파나 개혁파 신앙의 영향력을 계속해서 느끼게 된다.

또한 종교들에 대한 비교 연구를 통해서 순수한 종교에 도달하고자 하는 방법론은 이론적으로 학문의 이름으로 단죄 받아 마땅하다. 하나의 학문 분과라는 후광 아래에서 여러 종교들을 연

믿음의 확신

구하는 사람은 누구든지 종교들은 인간의 병든 지성과는 다른 무엇, 그 이상의 무엇이라는 신념을 가지고서 연구를 시작한다. 그는 종교들이 참되다는 것을 전제하고서 시작한다. 즉, 그는 하나님의 존재, 형이상학의 가치와 참됨, 종교의 역사들에서의 단일성과 발전, 그 계획과 목적을 전제하고서 연구를 시작한다. 종교들을 연구하고 비교하며, 그 종교들이 지닌 서로 구별되는 참된 가치들에 따라 종교들을 판단하기 위해서는, 그러한 연구와 평가에 앞서 그것을 지도해주고 규율해줄 기준, 즉 종교 개념이 적어도 모호하고 일반적인 수준에서라도 존재해야 한다. 순전히 실증주의적인 학문 개념은 신학만이 아니라 비교종교학에서도 유지될 수 없다.

또한 종교들에 대한 비교연구는 한 가지 중요한 성과를 이루어냈는데, 그것은 기독교가 다른 모든 종교들보다 더 우월하다는 것을 밝혀낸 것이었다. 유럽과 아메리카에는 전에 불교나 이슬람교로 개종해서 그런 종교들의 우월성을 주장하는 몇몇 집단들이 종종 있다는 것은 사실이다. 그리고 기독교를 필요로 하지 않고 기독교 없이 풍요로운 삶을 영위할 수 있다고 느끼고서 일생 동안 기독교를 미워하는 부류는 훨씬 더 많다. 상당수의 사람들이 직접 밝히고 있지는 않지만, 실제로는 인본주의적인 교만이나 실제적인 무관심 속에서 기독교에 등을 돌리고서 이교 사상에서 만족을 구하고 있다는 것도 사실이다.

하지만 이 모든 것들은 기독교가 지닌 종교적이고 윤리적인 내용이 다른 모든 종교들보다 훨씬 우월하다는 사실을 훼손시킬 수 없다. 기독교만큼 자연과 역사, 인간과 세계, 마음과 양심에 관한 아주 세세한 진리를 그토록 참되게 보여주는 종교는 없다. 우리 자신에 대한 지식과 이 세계에 대한 우리의 지식은 성경에 계시된 하나님에 대한 지식이 참되다는 것을 계속해서 증명해주고 있다. 피조세계 속에 놓여 있는 길을 비춰주는 빛인 이 지식은 모든 자연과 인류 역사 전체를 통해 분명해지고 확증된다.

만일 기독교와 그 모든 영향력이 우리 사회와 문화에서 갑자기 제거된다면, 우리는 우리가 무엇을 상실한 것인지도 알지 못하는 가운데 끔찍한 영적 빈곤 속으로 빠져들게 될 것이다. 만일 기독교가 참된 종교가 아니라면, 종교의 영역에서 진리를 찾는 것은 절망적이다. 믿음의 확신에 관한 질문은 실천적이고 구체적으로 다음과 같은 것으로 요약된다: "기독교가 참되다는 것을 어떤 식으로 증명해서 우리 영혼으로 하여금 확신을 갖게 할 수 있는가?"

권장할 만한 방법으로는 주로 두 가지가 있다. 첫째는, 하나님의 존재 및 영혼의 독립성과 불멸성을 증명함으로써 자연 신학의 진리를 증명해 보이는 방법이다. 둘째로, 그런 후에 이 접근방법에서는 사도들, 성경의 예언들과 이적들, 예수의 가르침들과 삶, 교회의 지속적인 존재와 퍼져나감 등등의 신뢰성을 근거로 해서 기독교가 참되다는 것을 증명한다. 이 방법은 이성적이고 학문적인 방법론들을 통해서 우리를 확신시키고자 한다.

이 방법은 금지되어 있지도 않고, 불가능하거나 무익하지도 않다. 심지어 선지자들과 사도들을 비롯해서 예수께서도 친히 청중들을 믿음으로 나아가게 하기 위해서 이 방법을 사용했다. 예수의 이적들은 그가 하나님의 아들이라는 것을 보여주는 표적들이었고, 예수께서는 자신이 행하신 일들을 근거로 해서 자기가 하나님의 아들이라는 것과 아버지 하나님이 그의 안에 계시고, 그가 아버지 하나님 안에 계신다는 것을 믿을 것을 요구하셨다(요 10:38).

기독교 신학자들은 언제나 대적들을 침묵시키고 믿음의 길로 나아가는 정지작업을 하기 위해서 이 증명법들을 사용해 왔다. 이 증명법들은 기독교를 변호하는 사람들에게 온갖 종류의 학문적인 공격을 물리칠 수 있는 무기를 제공해준다. 이 증명법들은, 믿음의 대상을 학문에 종속시켜서 비판하는 자들을 능숙하게 물리치고서 신앙을 변호할 수 있게 해준다. 그리스도인들은 불신앙을 지지해주는 것들보다 믿음을 지지해주는 것들을 더 많이 제시할 수 있다.

따라서 이 증명법들을 의심하고 불신해서 배척하고서 신비주의와 불가지론의 요새 뒤로 숨어버리는 것은 잘못이다. 불신자들 앞에서 자신의 신앙을 옹호하는 것을 불가능하다고 지레 겁을 먹고 물러나는 사람은 전투를 하기에 부적합한 자이기 때문에 반드시 패배할 수밖에 없다. 학문적인 경기장에서도 신자들은 그들 안에 있는 소망에 대한 이유를 제시해보라는 요구를 받기 때문에, 그들 자신의 신앙이 참되다는 것을 변함없이 신뢰하고서, 그들의 대적들로 하여금 아무 말도 할 수 없게 만들고, 그들의 공격을 격퇴해야 한다.

역사는 결국 기독교 편이다. 역사는 시간 속으로 들어온 하나님의 영원하신 생각들을 성취하는 것이기 때문이다. 역사의 초점은 말씀의 성육신이고, 역사적인 연구는 이 세계 전체의 일부를 이루고 있고 유구하고 풍요로운 역사를 지닌 계시에 의지한다. 그러한 증명들로는 어떤 사람을 움직여서 기독교의 진리를 믿게 하는 데는 불충분하지만, 다른 한편으로 만일 이 계시가 비역사적인 것으로 증명된다면, 분명히 그 진리에 대한 믿음은 존재할 권리가 없게 될 것이다. 왜냐하면 믿음은 신뢰일 뿐만 아니라 지식이고 동의여서, 교묘하게 꾸며낸 이야기들을 통해서는 살아남을 수 없기 때문이다.

성경이 하나님의 증언이라는 것을 보여주는 증명들은 적어도 믿는 것이 비이성적이거나 터무니없는 것이 아니라는 것을 분명하게 해주는 힘을 지닌다. 우리가 수학적인 증명들에 의거하고 있지 않다는 것은 분명하지만, 그런 증명들은 역사의 영역에서는 결코 사용할 수 없다. 역사는 수학 문제가 아니다. 그럼에도 불구

믿음의 확신

하고 계시의 내적이고 외적인 특징들이 많이 축적되면 대적들을 대항할 수 있는 힘을 얻게 된다는 것은 의심의 여지가 없다.

성경의 참됨과 신뢰성에 도전하는 수많은 논증들이 오랜 세월에 걸쳐서 제기되어 왔지만, 그 중에서 다수는 이내 설득력이 없는 것임이 드러나서 반품되어야 했다. 독일 신학자 아돌프 폰 하르낙(Adolf von Harnack, 1851-1930)은 기독교의 기원과 관련해서 우리가 가지고 있는 기록들은 넓게 보아서 올바르기 때문에, 가장 오래된 기독교의 저작들 속에는 기만과 왜곡이 많이 포함되어 있다고 말할 수 있는 때는 지나갔다고 선언했다.

이집트와 아시리아에서 발견된 고고학적 증거들은 모세 시대에 문화가 존재하지 않았다거나 십계명이 당시에 선포되었을 가능성이 없다는 온갖 주장들이 전혀 유지될 수 없다는 것을 의심할 여지 없이 분명하게 확증해주었다. 성경에서는 통상적인 역사가 다루어지고 있는데, 거기에서 죄악된 이기심이나 인간의 완고한 마음이 아무런 역할도 하지 못했다는 것이 밝혀진다면, 성경이 참되다는 것은 일반적으로 충분히 증명되었다고 할 수 있다. 인간의 불신앙의 책임은 하나님과 그의 계시가 아니라 인간 자신에게 있다.

증명들의 불충분성

그럼에도 불구하고 인간의 마음과 생각은 주관적인 성향을 지니고 있기 때문에, 사람을 움직여서 믿게 하는 데는 온갖 증명들로는 불충분하다. 따라서 만일 복음의 말씀 자체에 능력이 없다면, 어떻게 그 말씀이 참되다는 것을 보여주는 인간적인 증명들이 복음의 말씀에 능력을 부여할 수 있겠는가? 그러한 증명들은 통상적으로 다소간 학문적인 성격을 지니고 있고, 많은 연구와 성찰의 결과물이다. 물론 그 증명들은 발견되기 전에는 아무런 도움도 되지 않는다. 그 증명들은 존재하고, 통상적으로 오직 고등교육을 받은 사람들만 그것들을 알고 이해한다.

게다가 좀 더 면밀한 탐구와 더 진지한 성찰을 통해서 그 증명들이 지닌 힘의 전부 또는 일부가 제거될 수도 있다. 따라서 그 증명들은 학문적인 싸움 속에서는 중요하지만, 종교에서는 제한적인 가치만을 지닐 뿐이다. 사람들의 종교적인 삶은 그런 증명들을 토대로 하지도 않고 거기에서 자양분을 섭취하지도 않기 때문이다. 우리는 하나님의 말씀 속에서 우리에게 주어진 계시가 배운 사람들이든 평범한 사람들이든 모든 사람을 위한 것이라는 사실에 감사한다. 계시의 참됨은 오직 지혜롭고 유식한 사람들만이 행할 수 있는 학문적인 탐구에 의거하지 않는다.

계시가 전적으로 유일무이한 성격을 지니고 있는 이유가 거기에 있다. 계시는 역사다. 계시는 인류의 삶과 역사 속에 한 자리를 차지하고 있는 말씀들과 사실들로 이루어져 있다. 하지만 계시의 발전 전체는 하나의 신적이고 특별한 개념의 지배를 받는

믿음의 확신

다. 계시는 독자적인 생명을 지닌 유기체다. 계시 안에서 활동하는 능력들은 이 땅에 속한 것이 아니라 하늘에 속한 것이고, 시간에 속한 것이 아니라 영원에 속한 것이며, 인간적인 것이 아니라 신적인 것이다. 모든 계시는 육신의 형태로 나타나지만, 그 육신 속에는 태초에 하나님과 함께 계셨고 하나님 자신이신 말씀이 거하신다. 계시는 단순히 우리와는 더 이상 상관이 없는 과거에 일어난 사건들에 관한 증언이 아니다. 계시는 지나간 날들에 하나님이 행하신 놀라운 이적들에 대한 증언이지만, 거기에서는 지금도 여전히 하나님으로부터 말씀이 나와서 하나님과의 교제로 돌아오라고 사람들을 부른다.

역사 전체가 사건들의 단순한 집합이 아니라 단일한 개념에 의해 한데 묶여져서 서로 연결되어 있는 사건들의 유기적인 통일체인 것과 마찬가지로, 특별 계시의 영역에 속한 말씀들과 사실들은 하나의 생각, 하나의 계획, 하나의 목표에 의해 지배를 받는 하나의 체계를 이루고 있다. 이 개념을 이해하지 못하는 사람은 계시를 이해할 수 없다. 그런 사람은 이 유기체에서 심장과 영혼과 생명을 잘라내고서, 납골당으로 보내져야 할 여기저기 흩어져 있는 마른 뼈들만을 볼 수 있을 뿐이다.

따라서 계시로부터 자신의 가치를 가져오는 말씀들과 사실들이 자연적인 수준에서 설명되고 인간적인 기준들에 의해 판단되면 그 의미와 중요성을 잃게 된다. 그렇게 했을 때에 생겨나는 필연적인 결과는 성경의 통일성, 믿음의 통일성, 교회의 통일성, 신학의 통일성이 사라져버리고 만다는 것이다.

또한 계시의 역사를 그 독자적인 개념에 비추어서 파악하고 설명하지 않는 경우에는, 계시는 통상적이고 자연스러운 의미에서의 역사이기를 멈추게 된다. 우리가 성경을 다른 역사적 자료들과 동일한 수준에서 다룰 때, 성경은 끊임없이 우리를 실망시킨다. 우리는 구약성경의 책들을 가지고서 통상적인 이스라엘의 역사를 쓸 수 없다. 복음서들을 단지 예수의 삶의 여정을 들려주는 전기로 보려고 하면 우리는 실망하게 된다. 그리고 우리가 주후 1세기 동안에 사도들의 삶이나 교회의 역사를 알기 위하여 서신서들을 사용하고자 하면, 우리는 계속해서 실망하게 된다.

이 모든 글들은 믿음의 관점에서 쓰인 것들이다. 그 글들 중에서 이른바 전제 없는 학문적이고 역사적인 탐구의 산물인 것은 하나도 없다. 모든 글들이 신자들의 증언이다. 계시 개념 없이 이스라엘이나 예수나 사도들에 관한 통상적인 역사를 쓰고자 하는 사람은 연대기로 손색이 없는 역사를 구성하기 위해서는 끊임없이 가설들에 의존하고, 많은 공백들을 추측이나 추정으로 메우고, 자료들을 수정하고 비판하고 불만을 나타낼 수밖에 없는 자신을 발견하게 될 것이다.

계시의 이러한 특별한 성격 때문에 이성적이고 학문적인 증명들로는 통상적인 역사적 사건들의 경우와는 달리 합리적인 의심을 뛰어넘는 기독교의 진리성을 확증하는 데 불충분하다. 그런 모든 증명들은 단지 사실들의 표면만 건드릴 뿐이고, 그 사실들의 심장과 본질을 꿰뚫지는 못한다. 나투시우스(독일 신학자 Martin Friedrich von Nathusius 1843-1906)의 말에 의하면, 그런 증명들은 우리를 빈 무덤으로 데려다줄 수는 있어도, 살아 계신 구주 앞에 데려다주지는 못한다.

그런 증명들을 통해서 우리가 도달할 수 있는 것은 기껏해야 역사적 믿음이다. 로마 가톨릭에서는 그런 믿음만으로 세례를 통해 초자연적인 은혜를 받는 데 충분하고, 심지어 개신교 내에서도 그런 믿음은 전혀 의미가 없지 않다. 그럼에도 불구하고 그런 믿음은 진정한 참된 믿음이 아니다.

역사적 믿음은 계시를 과거에 일어났지만 이제 더 이상 우리와는 상관없는 통상적인 역사로 축소시켜 버린다. 역사적 믿음은 과거에 주어진 하나님의 말씀이 오늘날에도 여전히 구원의 복된 소식이 되게 해주는 핵심을 제거해버린다. 역사적 믿음은 몇몇 역사적 사건들에 대한 이성적 동의에 다름 아니기 때문에, 거기에는 마음이 개입되지도 않고, 한 사람의 삶의 방향의 변화도 없다. 로마 가톨릭교회도 그런 믿음은 구원을 받기에 불충분하다고 말하기는 한다. 로마 가톨릭의 신앙고백서에서는 그러한 믿음이 사랑으로부터 생겨나고 사랑에 의해 보완되어야만 사람을 의롭게 해주고 거룩하게 해줄 수 있다고 말하기 때문이다.

하지만 그런 식의 보완은 믿음의 본질에 실제적인 변화를 가져다주지 않는다. 그런 보완을 통해서 통상적인 역사적 성격을 지닌 믿음이 참된 믿음으로 변화되지 않는다. 그런 보완은 믿음을 사랑으로, 복음을 율법으로, 종교를 도덕으로 바꾸어놓을 뿐이다.

종교개혁에서는 그런 것에 반기를 들고서, 계시는 단지 과거 사건들에 관한 이야기가 아니라, 하나님이 우리에게 하시는 말씀이라는 입장을 취했다. 따라서 믿음은 단지 역사적 보고서들이 참되다는 것에 동의하는 것이 아니라, 구원의 복된 소식을 진심으로 믿고 신뢰하는 것이 되었다. 이렇게 해서 종교개혁을 통해 계시가 원래 가지고 있던 계시로서의 성격이 회복되었고, 믿음이 원래 가지고 있던 하나님과 인간의 인격적 관계로서의 성격이 회복되었다. 종교개혁은 종교를 다시 회복시켰다.

자유주의 신학의 해법

우리가 앞에서 역사적 증명들을 비판하면서 제시한 이 모든 이유들로 인해서, 프리드리히 슐라이어마허(Friedrich Schleiermacher, 1768-1834)를 비롯한 많은 신학자들이 기독교의 진리성을 증명하고 사람들을 믿음의 확신으로 이끌기 위해 또 다른 방법론을 주창하기 시작했는데, 그것은 경험의 방법론이었다. 이 방법론에서는 성경 안에서, 그리고 특히 그리스도 안에서 우리에게 주어진 계시는 유일무이한 성격을 지닌다고 주장했다. 계시는 이성적인 증명을 통해서 받아들여질 수 있는 학문적인 명제들의 산물이 아니다. 또한 계시는 단지 지적인 동의만을 요구하는 교리인 것도 아니다. 성경의 계시는 생명이다. 계시는 종교적이고 윤리적인 내용을 지니고 있어서, 사람들을 구원에 이를 만한 지혜가 있게 해주고, 세상으로부터 독립시켜서 하나님의 자녀의 영광의 자유를 누릴 수 있게 해준다.

따라서 그런 계시의 참됨은 오직 양심과 마음과 의지에 의해서만 인식될 수 있다. 계시는 실천적으로 경험해야 하고 경험을 통해서 알게 된다. 우리는 그 계시를 우리의 영혼 속에서 느껴야 한다. 성경은 오직 마음이 정결한 사람만이 하나님을 보게 될 것이라고 말하고, 오직 거듭난 사람들만이 천국에 들어갈 것이며, 오직 하늘에 계신 아버지의 뜻을 행하는 자들만이 예수의 가르침들은 스스로 말씀하신 것이 아니라 하나님으로부터 온 것이라고 고백하게 될 것이라고 말하지 않는가?

그리스도의 복음은 무엇보다도 도덕적 존재로서의 인간을 향해 말하고 있지 않은가? 복음은 사람들에게, 세상과 죄의 종이 되어서 계속해서 살아갈 것인지, 아니면 성경과 교회에 있는 그리스도의 형상의 감화로부터 생겨나는 자유의 새로운 삶에 동참할 것인지, 둘 중의 하나를 선택하라고 요구한다.

교회의 믿음에 동참하여 그리스도의 형상에 의한 감화를 받아들이는 사람들은 구원의 경험을 하게 될 것이다. 복음은 양심을 위로하고, 마음에 평안을 가져다주며, 의지를 강화시켜서, 전인적으로 새 생명의 삶을 살아갈 수 있는 힘을 수여한다. 이 경험을 하게 된 사람들은 기독교가 진리라는 것, 그리스도 안에서 하나님의 은혜가 계시된 것이 참이라는 것, 그리고 자기가 천국의 시민이 되었다는 것을 확신하게 된다.

그러한 경험을 토대로 해서 기독교의 참됨과 구원의 확신을 알게 된 사람들은 자신들이 경험한 것과 변화된 성품을 통해 확연한 차이를 드러내 보인다. 어떤 사람들은, 그러한 경험을 성령의 특별한 역사의 결과라고 생각하고, 어떤 사람들은, 성경에서 우리에게 말씀하시고 교회 안에 거하시는 그리스도의 형상의 산물이라고 생각한다. 그리고 어떤 사람들은, 그런 경험은 모든 사람이 때때로 자신의 마음과 양심 속에서 겪는 종교적이고 도덕적인 경험들의 좀 더 발전된 형태라고 생각하기도 한다.

또한 그러한 경험들의 내용도 사람마다 크게 다르다. 그런 경험 위에서 신앙고백적인 교의들 전체를 구축하고자 하는 사람들이 있는데, 루터파가 그 예다. 어떤 사람들은 그런 경험으로부터 성경의 종교적이고 윤리적인 진리, 또는 그리스도의 인격과 사역에 관한 교리를 이끌어낸다. 그리고 어떤 사람들은 그런 경험은 그리스도의 이적들, 초자연적인 출생, 부활과 승천이 아니라 그리스도의 내면의 삶, 즉 예수의 윤리적 위대성을 확증해줄 뿐이라고 믿는다. 하르낙은 심지어 그리스도의 인격은 원래의 복음에

믿음의 확신

속하지 않는다고 단언하기까지 했다.

확신의 근거로서의 경험

종교적 경험의 본질과 내용에 관한 이러한 다양한 관점들은 우리가 여기에서 진리와 오류를 주의 깊게 분별해서 오해하지 않도록 조심해야 한다는 것을 분명하게 보여준다. 좀 더 깊이 성찰할수록 우리의 그러한 확신은 점점 더 강해진다. 왜냐하면 우리가 경험과학이라고 말할 때에 그러하듯이 경험을 감각 지각을 의미하는 것으로 본다면, 종교적인 지식에서 경험이 들어설 여지는 없게 되기 때문이다. 기독교 신앙을 오직 도덕적인 진리들을 포함하는 좁은 의미로 보든, 그리스도와 삼위일체, 성육신과 그리스도의 대속을 포함한 넓은 의미로 보든, 기독교 신앙을 이루는 진정한 내용은 전적으로 경험을 뛰어넘기 때문이다. 그런 것들은 눈으로 보거나 귀로 들을 수 없고, 크기나 무게를 측정할 수도 없다. 실험을 통해서 믿음의 진리를 확증하는 것은 완전히 불가능하다.

경험을 내적인 체험이라는 의미로 보는 경우에는, 기독교 신앙이 풍부한 경험들을 수반한다는 것은 의심할 여지 없이 옳다. 죄책감, 죄에 대한 관심, 양심의 고발, 죽음과 영원에 대한 두려움, 구속의 필요성, 그리스도 안에서의 소망, 그리스도의 피 안에서의 평안, 하나님과의 화해, 성령을 통한 하나님과의 교제, 마음의 위로, 영혼의 기쁨, 영생을 미리 맛봄을 비롯해서 그 밖의 다른 많은, 우리를 낮추어주고 힘을 주는 경험들은 기독교적인 구원의 길을 따르는 사람들의 삶을 구성하는 것들이다. 기독교 신앙은, 모든 것이 끝나버린 것 같아서 깊이 탄식하고 신음하는 것에서부터 지극히 복된 기쁨 속에서 환희에 차서 노래하는 것에 이르기까지 사람의 마음에 있는 감정의 세계 전체를 깨어나게 한다.

그러나 이 모든 경험들은 믿음을 전제하고 수반하며 그 뒤를 따른다. 그 경험들은 믿음의 토대도 아니고 믿음에 선행하지도 않는다. 죄에 관한 성경의 가르침들을 믿지도 않고 그 가르침들이 하나님으로부터 온 계시라는 것을 인정하지 않는 사람은 죄책감에 압도되지 않을 것이다. 그리스도를 세상의 구주로 고백하지 않는 사람은 그리스도의 피로 말미암은 대속을 구하지 않을 것이다. 또한 성령을 믿지 않는 사람은 성령과의 교제를 결코 맛보지 못할 것이다. 그리고 하나님의 존재를 의심하는 사람은 하나님의 자녀와 상속자가 되는 것을 기뻐할 수 없다. 요컨대, 하나님께 나아오는 사람들은 하나님이 계신다는 것과 그가 그를 찾는 자들에게 상을 주신다는 것을 믿어야 한다.

기독교 신앙의 내용을 구성하는 이 모든 진리들은 본질상 개인적으로 경험하는 것이 불가능하다. 그것들은 우리 안에 내재된 것들이 아니다. 우리는 깊이 숙고함으로써 우리 마음의 감춰진 보고(寶庫)에서 그것들을 캐낼 수 없다. 우리는 그것들을 다른 사람에게서 들었을 때에만 알 수 있다. 하나님이 전능자이시고 천지의 창조주시라는 것, 예수 그리스도가 성령으로 말미암아 잉태되어 동정녀 마리아에게서 나신 하나님의 독생자시라는 것, 예수 그리스도가 본디오 빌라도 아래에서 고난을 당하시고 죽으시고 장사 지낸 바 되셨으며 지옥으로 내려가셨다가 부활하셔서 승천하셨고 장차 살아 있는 자와 죽은 자를 심판하기 위해 이 땅에 다시 오시리라는 것, 성령이 사람들을 거듭나게 하고 진리로 인도하신다는 것, 하나의 거룩하고 보편적인 교회가 존재하고, 하나님은 은혜 가운데서 그 교회에 성도의 교제와 죄 사함과 몸의 부활과 영생이라는 선물들을 주셨다는 것은 아무도 본성적으로 알 수 없다.

하나님의 자녀들의 경험으로부터 부활을 이끌어내는 것이 일반적인 관행이다. 그리고 실제로 부활의 능력은 신자들 안에서 나타난다. 새롭고 영적인 생명이 이 원천으로부터 그들에게 흘러간다. 그들은 그리스도의 부활로 말미암아 거듭나서 산 소망을 지니게 된다. 믿음, 죄 사함, 영광의 소망, 그리스도 안에서 죽는 것은 부활 위에 세워지고, 부활이 없다면 그런 경험들은 헛된 망상에 지나지 않게 될 것이다.

그럼에도 불구하고 성경을 떠나서 하나님의 자녀들의 새 생명의 삶으로부터 그리스도의 부활의 실체를 추론해낼 수 있다고 생각하는 것은 자기기만(het zelfbedrog)이다. 그리스도인이 자기에게 주어진 이 새 생명이 그리스도의 부활로 말미암은 것임을 알게 되는 것은 오직 사도들의 증언 덕분이다. 이것이 그리스도인이 여기 이 땅에서 그것을 알게 될 수 있는 유일한 길이다. 그리스도의 부활의 능력을 내적으로 경험하려면 그 부활을 믿는 믿음이 선행되어야 한다. 믿음이 없이는 신자는 이 경험의 정체를 알 수 없다.

경험의 실패

결과로부터 원인을 추론해내는 방법론을 사용해서 교회의 종교적 경험으로부터 기독교와 관련된 객관적인 사실들을 알아내려고 하는 것은 배척되어야 한다. 성경은 우리에게 그런 방향을 결코 지시해주지 않는다. 고린도전서 15장에서 바울은 고린도 교회에게, 신자들이 받은 복들과 그리스도의 부활이 서로 분리될 수 없을 정도로 일체가 되어 있다는 것을 보여준다. 그러나 그는 성경의 증언과 부활하신 구주의 나타나심을 근거로 해서 그것을 확증한 후에야 그렇게 한다.

성경은 결코 신자가 오직 그 자신만을 의지하게 만들지 않고, 언제나 그를 객관적인 말씀 — 율법과 증언 — 과 한데 묶는다. 성경이 이 객관적인 말씀을 따라 말하지 않는다면, 거기에는 아침 빛이 있을 수 없다. 성경이 주의 말씀을 배척한다면, 거기에 무슨 지혜가 있겠는가? 교회는 사도들과 선지자들의 터 위에 세워져 있다. 바울은 이것과 다른 복음을 전하는 사람들에게는 하나님의 저주가 있을 것이라고 경고한다.

어떤 사람들은 사마리아 사람들이 자신들이 믿게 된 것은 우물가의 여자가 그들에게 말해주었기 때문이 아니라 그리스도 자신에게서 말씀을 듣고서 그리스도가 진정으로 세상의 구주시라는 것을 알았기 때문이라고 말한 것을 상기시키면서 이것을 반박할지도 모르겠지만, 그런 반박은 아무 소용이 없다. 물론 우리는 사마리아 사람들의 그러한 말로부터 복음 안에서 기독교의 진리들이 개인적이고 인격적인 확신이 된다고 결론을 내릴 수 있다. 그러나 이것은 믿음이 사도들의 증언으로부터 독립적이라거나 점차 독립적이 될 수 있다는 것을 보여주는 것이 결코 아니다.

사도들이 교회에 대해 가진 소임은 우물가의 여자가 자신의 마을 사람들에 대해 한 일과는 아주 다르다. 그 사마리아 사람들은 즉시 예수를 직접 만났다. 그들은 예수의 말씀을 들었고 예수께서 하시는 일들을 보았다. 그러나 우리는 예수를 만나지 못하고, 사도들의 증언을 떠나서 예수를 볼 수도 없고, 예수의 말씀을 들을 수도 없다. 그리스도에 대한 우리의 교제는 사도들이 증언한 말씀과 우리의 교제일 수밖에 없다.

요한은 신자들이 그리스도로 말미암아 성령의 기름 부음을 받았기 때문에 모든 것을 알고 다른 사람에게서 가르침을 받을 필요가 없다고 증언한다. 그러나 이것도 신자들이 그들 자신의 추론을 통해서 진리를 이끌어낼 수 있다는 것을 의미하는 것이 아니다. 요한이 쓴 서신의 수신자였던 신자들은 이미 복음을 들은 사람들이었다. 그들은 복음의 내용을 알고 있었기 때문에, 자신들이 받은 복음의 내용과 부합하지 않은 것들을 다른 사람들에게서 가르침을 받을 이유가 없었을 것이다. 그들은 단지 자신들이 처음에 들은 것들만을 고수하기만 하면, 성자와 성부 안에 머물러 있을 수 있었다. 사도들은 자신들이 보고 들은 것들을 선포했기 때문에, 그것을 듣고 믿은 사람들은 사도들과 성부와 하나님의 아들 예수 그리스도와 교제할 수 있었다.

요컨대, 사람들에게 기독교 신앙의 모든 진리들은 외부로부터 온다. 사람들은 오직 계시를 통해서만 그 진리들을 알고, 믿음 안에서 어린아이처럼 받아들일 때만 그 진리는 그들의 것이 된다. 따라서 진정한 구원의 믿음을 비롯해서 믿음은 언제나 지식을 포함한다. 믿음은 즉각적이고 직접적인 지식도 아니고, 대면해서 아는 지식도 아니며, 보는 것도 아니다. 믿음은 개인적인 탐구, 논증과 증명, 관찰과 실험을 통해 얻어지는 지식이 아니다. 믿음은 신뢰할 수 있는 증언으로부터 얻어지는 지식이다.

우리가 이런 식으로 진리를 알고 인정할 때만, 그 진리는 우리 마음속에서 신뢰를 불러일으키고, 이전과는 다른 종류의 경험들을 생겨나게 한다. 기독교 신앙이 자신의 유일무이성을 유지하는 한, 이러한 지식과 동의의 요소는 부정될 수 없다. 오직 믿음에서 기독교적인 성격과 내용을 완전히 제거했을 때만, 이러한 요소도

믿음의 확신

제거될 수 있지만, 그런 경우에 그 믿음은 종교적인 개념이기를 그친다. 합리주의는 하나님, 미덕, 불멸성이라는 삼각축을 여전히 붙들고 있지만, 그 초점은 이제 더 이상 믿음이 아니라 행위이고, 종교가 아니라 도덕이다.

경험으로부터 서로 상반되는 것들을 이끌어낼 수 있지만, 그렇게 도출된 결과가 옳다는 보장이 없는 경우가 비일비재하다는 것은 경험을 근거로 한 방법론이 얼마나 부적절한 것인지를 잘 보여준다. 모든 종교는 종교적인 감정들과 경험들을 일깨운다. 만일 종교들이 우리에게 그 믿음과 내용의 참됨에 대해 결론을 내릴 권한을 주었고, 가치 판단이 존재 여부를 판단하는 근거이자 증거라고 한다면, 불교도들은 자신의 경험으로부터 열반에 관한 가르침이 참되다고 결론을 내릴 것이고, 마찬가지로 이슬람교 신비주의자는 자신이 경험한 천국의 실체를 진리라고 결론을 내릴 것이며, 로마 가톨릭교인은 동정녀 마리아 숭배가 옳다고 결론을 내릴 것이다. 그리고 그들 모두는 그들의 믿음의 궁극적인 근거에 대해 친첸도르프가 다음과 같이 말한 것이 옳다고 동의할 것이다: "내 마음이 내게 그렇게 말하기 때문에, 그것은 내게 그러하다"(독일어로 Es ist mir so, mein Herz sagt mir das['에스 이스트 미르 조, 마인 헤르츠 자크트 미르 다스']).

기본적으로 경험을 근거로 하는 이 방법론은 순서를 뒤바꿔서 경험을 믿음의 토대로 삼은 경건주의를 닮았다. 하지만 차이점이 있다. 경건주의는 죽은 정통주의 신학에 반대하여 그러한 방법론을 사용했을 뿐이고, 기독교의 객관적 진리를 의심한 것이 아니었다. 반면에 최근에 경험을 근거로 하는 이 방법론이 매력을 끌게 된 것은 믿음의 확신이 사라진 상황에서 오직 이것만이 믿음을 회복할 수 있는 유일한 길이라고 보았기 때문이다.

칸트가 인간이 알 수 있는 것을 감각으로 인지할 수 있는 세계로 제한하고, 역사비평학이 성경의 진리를 의심한 후에 이 방법론이 생겨났다. 이 방법론은 불신앙에서 태어난 자녀지만, 그럼에도 불구하고 믿음을 어느 정도 구조할 수 있지 않을까 하는 은밀한 소망을 품고 있다. 그것은 학문이 영혼의 내적 신성함을 존중해서 거기에 종교의 나무를 심는 것을 방해하지 않을 것이라는 은밀한 소망이다. 이 방법론은 모든 것 — 이 세계 전체, 자연, 역사, 감각과 인식과 기억과 상상력과 지성과 이성을 포함한 인간의 거의 모든 것 — 을 실증 학문에 넘겨주고서, 오직 학문이 인간의 마음 깊은 곳 어딘가에 믿음을 위한 작고 소박한 장소를 인정해주기만을 바랄 뿐이다. 이 목적을 위해서 이 방법론은 자신의 요새를 차례차례 넘겨주고, 심지어 사람들이 신학과 교의학의 대부분에도 개인의 자기해방과 세속화를 도입하는 것을 허용한다. 이 방법론을 가장 일관되게 적용하는 해석자들의 사고 속에는 보편적인 종교적 개념들은 얼마 남아 있지 않다.

믿음의 확신

복음을 근거로 삼음

이렇게 해서 결국 경험을 근거로 삼는 방법론은 자신이 의도한 목표를 이루지 못한다. 이 방법론은 계시의 종교적 성격을 유지하고자 하지만, 계시의 내용이 신자의 경험에 의해 좌지우지되게 함으로써, 모든 객관적인 진리를 잃을 위험성을 자초한다. 그럼에도 불구하고 우리는 기독교가 과학이나 철학이 아니라 종교라는 것을 상기시켜 준 것에 대해 감사해야 한다. 사람들을 움직여서 복음을 받아들이게 할 수 있는 과학적인 증명들이나 철학적인 논증들은 실제로 존재하지 않는다. 일반적으로 말해서, 앞에서 말했듯이 근본적인 원리와 관련해서 서로 반대인 사람과 논증하는 것은 불가능하다는 법칙이 적용된다.

이것은 특히 종교의 영역에 적용된다. 왜냐하면 복음은 자연인을 뛰어넘고 자연인과 반대되기 때문이다. 복음은 자연인을 위한 것이긴 하지만, 자연인의 사고나 성향과 부합하지 않는다. 복음은 자신이 하나님에게서 기원했다고 말하기 때문에, 인간이 태어나면서 지니고 있는 것과는 다른 성향을 요구한다. 만일 사람이 과학적이거나 학문적인 추론을 통해 하나님의 말씀을 받아들일 수밖에 없게 된다면, 복음은 힘을 얻는 것이 아니라 잃게 될 것이다. 그런 경우에 복음은 자신의 특별한 성격, 신적 기원, 종교적 내용, 구원의 능력을 상실하고서, 인간적인 수준의 평범하고 오류가 있을 수 있으며 합리적인 것으로 전락하고 말 것이기 때문이다.

이성적인 논증이나 도덕적인 경험이 기독교 신앙이 어떻게 생겨나게 되는지를 설명해줄 수 없다면, 사람이 그리스도 안에서 계시된 진리를 믿고 받아들이게 될 수 있는 더 나은 길이 과연 존재하느냐 하는 질문이 생겨난다. 그리고 우리는 무엇보다도 사람들이 복음을 어떻게 바라보고 어떻게 잘못 해석하든, 그리고 온갖 반대를 한다고 할지라도, 복음은 해석상의 온갖 차이에도 불구하고 예수 그리스도가 죄인들을 구원하기 위해 이 세상에 오셨다는 것을 그 주된 내용으로 삼아서 대대로 오랜 세월 동안 계속해서 선포되어 왔고 지금도 선포되고 있다는 것을 상기해야 한다. 이것은 복음이 사람들과 만나는 방식이다. 복음은 어려서든 늙어서든 빠르든 늦든 복음을 접촉한 사람들에게 그들이 복음을 받아들이느냐 거부하느냐와는 상관없이 그들에게 믿음과 회개를 요구한다. 이것은 불변의 사실이다. 우리가 복음을 알게 되어서 복음이 우리에게 믿고 회개하라고 요구하는 것은 우리의 뜻이 아니라 하나님의 작정하심 때문이다. 하나님은 우리로 하여금 그리스도인 부모에게서 태어나서 기독교적인 환경 속에서 양육을 받게 하시고, 우리 편에서의 그 어떤 공로도 없이 그리스도 안에 있는 구원의 길을 알게 만드신다.

요약하자면, 진리의 기둥과 요새로서 경건의 신비를 지니고 있는 하나의 거룩하고 보편적인 교회가 존재한다: 하나님은 육체로 나타나셔서, 성령 안에서 옳다 하심을 받고, 천사들에게 보이시고, 만국에 전파되어, 세상에서 믿어지고, 영광 속으로 들어올려지셨다. 아버지 하나님이 예수 안에 계시고, 예수께서 아버지 하나님 안에 계시듯이, 예수의 모든 제자들이 하나가 된다면, 교회의 증언이 더 강력하고 그 효과도 더 강력할 것임은 의심의 여지가 없다. 그랬을 때에 세상은 그리스도가 아버지 하나님으로부터 보내심을 받았다는 것을 자신의 의지와는 상관없이 인정하지 않을 수 없게 될 것이다.

하지만 지금 교회가 내부적으로 많이 분열되어 있다고 할지라도, 교회는 세상 가운데서 진리의 기둥이자 요새다. 교회의 분열이 아무리 심하다고 하더라도, 교회를 한데 묶어서 하나 되게 하는 힘이 교회를 분열시키는 힘보다 언제나 더 강하다. 불신앙이 더 강하게 자신의 존재감을 드러내고 더 담대해지면, 기독교회는 공동의 적에 대항하기 위해 더 일치단결하게 된다. 교회가 구하고 옹호해야 하는 것은 하나의 영적이고 거룩한 자산이다. 세상에 대한 교회의 신앙고백은 "천하 인간 중에 구원을 받을 만한 다른 이름을 우리에게 주신 일이 없다"고 폭포수처럼 웅장하게 울린다.

주의 성령은 그 신앙고백 속에서 역사하여 세상으로 하여금 죄와 의와 심판을 깨닫게 해준다. 하나님은 사람들에게 하나님에 대한 증언을 들을 수 없게 하시고 그들의 본성 가운데 내버려두

시는 법이 없다. 하나님은 자신의 존재를 친히 증명해주지 않으시고 우리의 탐구에 맡겨두시는 것이 아니라, 자연과 역사, 삶과 운명을 통해서 우리의 마음과 양심 속에서 자신에 대해 증언하시고, 이 증언은 아주 강력해서 아무도 피할 수 없고 계속해서 저항할 수 없다.

인격적인 하나님이 존재하신다는 것을 부정하는 온갖 종류의 반론들이 제기되어 왔다. 우리의 제한된 사고로 바라보았을 때에는 하나님이 존재하신다면 도저히 일어날 수 없다고 생각되는 수많은 현상들과 사건들이 일어난다. 그럼에도 불구하고 하나님이 존재하신다는 것은 모든 사람에게 기정사실이다. 이것은 그리스도의 복음에도 그대로 적용된다. 복음이 존재한다. 복음은 서로 다른 많은 방법과 환경 속에서 우리에게 다가오고, 우리의 인생 여정 가운데서 매 순간 우리에게 다가온다.

그리고 이것은 우리를 우리가 상기해야 할 두 번째 것으로 데려다주는데, 그것은 복음은 우리의 마음에 영향을 미치는 것을 결코 중단하지 않는다는 것이다. 하나님의 말씀은 말씀이기 때문에 본성상 도덕적인 영향력일 수밖에 없다. 따라서 하나님의 말씀이 우리에게 영향을 미칠 때에 우리의 의지와 마음은 변화를 받게 될 수밖에 없다. 하나님의 말씀은 아무런 의미도 없는 공허한 소리도 아니고, 울리는 꽹과리도 아니다. 하나님의 말씀은 결코 빈손으로 돌아가지 않고, 하나님이 보내시며 주신 모든 소임을 완수한다. 사람들이 눈이 멀어서 그것을 보지 못한다고 할지라도, 하나님의 말씀은 그 자체가 길을 비쳐주는 빛이고, 발길을 인도해주는 등불이다.

하나님의 말씀은 추론과 증명을 통해 진리가 되는 것은 아니지만, 그런 것들을 회피하지도 않는다. 우리가 우리의 지혜로 하나님의 말씀의 어리석음을 증명했다고 생각하는 바로 그 순간에, 하나님의 말씀은 하나님의 지혜이자 능력이라는 것이 드러난다. 하나님의 말씀은 인간이 고안해낸 과학과는 달리 우리의 이성의 잣대에 비추어서 진리나 오류로 평가되어 받아들여지거나 거부될 수 있는 대상이 아니다. 하나님의 말씀은 우리의 기준으로 판단을 받거나 우리의 법정에서 옳다고 인정을 받기를 원하지 않는다. 하나님의 말씀은 우리의 시야 위로 자신을 높이 들어올려서 우리의 생각과 욕망을 심판하는 재판장으로 우뚝 서서, 우리의 존재와 우리가 가지고 있는 모든 것을 소환하여 하나님의 법정에 세운다.

하나님의 말씀은 한 사람 전체를 향해 말한다. 즉, 그 사람의 지성과 이성, 마음과 양심, 그의 깊은 곳에 감춰진 것들, 그의 존재의 핵심, 하나님과의 관계 속에 있는 그에게 말한다. 하나님의 말씀은 그 사람에게서 그가 화해와 평안과 구원을 필요로 하는 죄인이라는 것만을 본다. 그리고 하나님의 말씀은 믿음과 회개를 통해서 그런 것들을 그에게 주겠다고 약속한다.

두 가지 측면에서 복음은 우리가 스스로 생각할 수 있는 가장 완전하고 아름다운 종교 개념에 부응한다. 한편으로 복음은 은혜와 구원의 복된 소식 외에 다른 것이 아니다. 복음은 나이나 세대나 인종이나 언어나 계층이나 소유와 관련된 것들을 단 하나도 요구하지 않는다. 복음은 조건을 제시하지도 않고, 아무것도 묻지 않으며, 아무것도 요구하지 않는다. 복음은 율법이 아니고, 모든 율법의 반대다. 복음은 모든 사람에게 공통적인 것, 즉 죄의 참상으로부터 벗어날 필요성 외에 다른 것을 전제하지 않는다는 점에서 철저하게 보편적이고 모든 사람에게 해당된다.

다른 한편으로 거기에 따라 복음은 사람들에게 도덕적인 선택, 즉 믿음을 통해 하나님의 은혜의 선물을 받아들일 것이냐, 아니면 완고한 마음 가운데서 그 선물을 걷어차 버릴 것이냐, 이 둘 중에서 어느 한 쪽을 선택할 것만을 요구한다.

윤리적 선택으로서의 믿음

신앙과 불신앙 간의 차이는 단지 어떤 것을 아느냐 모르느냐의 문제가 아니라 윤리적 선택의 문제라는 것은 복음 밖에서 살아가는 모든 사람의 양심이 증언한다. 모든 사람은 때때로 죄책감과 자신이 불행하고 비참하다는 인식 때문에 괴로워한다. 삶 속에서 최고의 가장 신성한 순간들에서도 복음이 신적인 진리인가 아닌가 하는 질문이 저절로 생겨난다. 불신자는 결코 확고할 수 없다.

어떻게 인간에게 신뢰를 두는 사람들이, 예수 그리스도는 죄인들을 구원하기 위해 이 세상에 온 것이 아니라는 것을 흔들림 없는 확신을 가지고서 믿을 수 있겠는가? 그런 부정적인 믿음에 자신의 이름과 명성과 재산과 목숨을 걸 사람이 누가 있겠는가? 그런 부정의 신념을 위해 기쁜 마음으로 순교할 수 있는 사람이 누가 있겠는가? 부정의 신념을 위해 순교하는 사람들이 없다는 것은 이성적인 성찰이나 철학적인 추론이나 비판적 의심이나 마음의 완고함은 가장 깊은 근거나 원천이 될 수 없다는 것을 보여준다. 그리고 불신앙에 대한 이러한 도덕적 죄책은 복음의 진리성을 또다시 밑받침해준다. 왜냐하면 내가 어떤 종교를 경멸하고도 내 양심 속에서 하나님 앞에 죄책감을 느끼지 못한다면, 그 종교는 참된 종교일 수 없기 때문이다.

복음 안에서 주어지는 약속들은 모든 강제를 배제하기 때문에, 복음을 받아들일 것이냐 거부할 것이냐의 선택은 도덕적인 결정이다. 자신의 의지를 거슬러서 믿는 사람은 아무도 없다. 믿음은 복음의 진리를 깨닫고서 자신의 의지로써 인정하는 것이기 때문이다. 따라서 믿는 것에는 한 사람의 이성, 의지, 마음, 그의 존재의 핵심, 그의 존재의 가장 깊은 곳을 포함한 그 사람 전체, 즉 전인(全人)이 개입된다.

사람은 자신이 죄악되고 멸망에 처해지게 될 것임을 알았을 때에 믿음으로 그리스도 안에서 하나님의 은혜에 자신을 전적으로 맡겨드리게 된다. 그는 성령의 증언에 맞서서 자신의 양심 속에서 오랜 세월 동안 수행해 왔던 전쟁을 그친다. 그는 자신의 모든 생각들을 그리스도께 복종시킨다. 앞에서 이미 말했듯이, 종교는 언제나 가장 선한 사람들이 자기 자신, 자신의 생명, 자신의 영혼의 보전을 위해 가장 절실한 관심사라고 인정하는 것을 다룬다.

기독교는 인간에게 있어서 최고의 선은 오직 그리스도, 그와의 교제, 하늘에 속한 구원에서만 발견된다는 것을 우리에게 가르친다. 믿음은 철저하게 인격적인 것이고, 영혼을 다시 하나님과 묶어주는 것, 사나 죽으나 자신의 모든 신뢰를 하나님께 두기 위해 모든 피조된 것들을 의지하는 것을 포기하는 것이다. 믿음은 눈에 보이지 않지만 영원하고 썩지 않는 것들을 향유하기 위하여 눈에 보이는 것들에 눈길을 주지 않는 것이다.

또한 믿음의 본질은, 사람을 움직여서 믿음에 이르게 하는 데는 복음으로부터 나오는 도덕적인 영향력 외에 또 하나의 힘이 필수적이라는 것을 분명하게 보여준다. 사람이 자유의지로써 자신의 온 마음을 다해 믿기 위해서는 새로운 마음과 변화된 의지가 필요하다. 누가 그러한 변화들을 가져다줄 수 있는가? 하나님의 말씀은 매개체로서의 역할을 할 수 있고, 이성적이고 도덕적인 증명들은 사람의 양심에 믿음을 권하는 데 일조할 수 있다. 그러나 궁극적으로 그런 것들은 아무리 힘을 합쳐도 사람의 마음속에서 모든 피조물을 의지하는 것에서 떠나서 오직 하나님만을 신뢰하게 만들 믿음을 생겨나게 할 수는 없다. 성경이 모든 경험 이전에 전면에 내세우는 증언은, 천국의 신비들은 혈과 육이 아니라 오직 하늘에 계신 예수 그리스도의 아버지만이 계시하실 수 있다는 것이다. 이 신비들을 지혜롭고 박식한 사람들에게는 감추시고 어린아이들에게는 계시하시는 것이 하나님의 뜻이다.

이것은 얼핏 보면 비논리적인 것처럼 보이지만, 사실은 대단히 이치에 맞다. 오직 지식의 주체와 지식의 대상이 서로 일치할 때만 지식이 생겨나듯이, 하나님을 아는 참된 지식은 오직 하나님이 친히 우리의 마음속에서 생겨나게 하시는 믿음을 통해서만 가능하다. 아들(성자)과 아들의 소원대로 계시를 받는 사람들 외에는 아무도 아버지 하나님을 알 수 없다. 우리는 이 말을 듣고서 낙심해서, 그렇다면 누가 구원을 받을 수 있단 말인가 하고 반문해서는 안 된다. 왜냐하면 성경은 하나님 안에서는 모든 것이 가능하다고 증언하고 있고, 가장 타락해서 멸망에 처해질 것이 뻔해 보이는 사람들을 포함해서 모든 사람은 그 증언 속에서 큰 위로를 얻을 수 있기 때문이다.

모든 신자들의 경험은 성경의 이러한 증언을 확증해준다. 신자들은 천차만별이고 각자가 믿는 것들도 서로 다를지라도 하나님께 드리는 그들의 기도와 찬송 가운데서 자신들이 믿음과 소망을 갖게 된 것은 오로지 하나님의 은혜 덕분이라고 고백한다. 그들은 자신들이 믿음과 소망을 갖게 된 것을 다른 방식으로는 설명하지 못한다. 모든 기원은 신비의 휘장 안에 감춰져 있다. 모든 것은 어둠에서 빛으로 탄생한다. 바람은 자기가 원하는 곳으로 불고, 당신은 그 소리를 들을 수는 있지만, 어디에서 와서 어디로 가는지는 알지 못한다. 하나님의 성령으로 난 모든 사람도 그러하다.

날 때부터 맹인이었던 사람은 오직 "내가 한 가지는 아는데, 전에는 눈이 멀어 있었지만, 지금은 본다는 것이다"라고만 증언할 수 있었다. 따라서 믿음으로 그리스도께로 나아간 사람은 모든 것을 이전과는 다르게 보고 판단하며 평가한다. 그는 전에는 어리석은 것으로 보였던 것을 이제는 하나님의 지혜로 여겨 존중한다. 그는 전에는 자신을 화나게 하는 것으로 여겨 배척했던 것을 이제는 자신의 최고의 기쁨으로 여긴다. 모든 것이 그것에 반대하고, 모든 것이 그것을 반박하는 것처럼 보이며, 온 세상과 그의 양심이 그가 하나님의 모든 계명을 어기고 중대한 죄를 저질러 왔고 여전히 모든 악에 이끌리고 있다고 고발할지라도, 신자는 하나님이 전적인 은혜를 통해서 자기에게 그리스도의 의를 주시고 그의 것으로 여기셔서, 마치 그가 한 번도 죄를 짓지 않았고 그리스도처럼 절대적인 순종을 드려온 것처럼 보아주셨다는 것만을 증언할 수 있을 뿐이다.

이렇게 믿음은 도덕적인 힘을 지닌 행위이고, 최고의 영적인 능력을 지닌 행위다. 믿음은 하나님의 지극히 귀하고 지극히 영

믿음의 확신

광스러운 선물이기 때문에 하나님의 최고의 역사다. 믿음은 보이지 않으시는 분을 보고, 하나님의 사랑을 알며, 하나님의 은혜를 의지하고, 하나님의 신실하심에 소망을 두고서, 하나님을 꼭 붙든다.

믿음과 하나님의 말씀

믿음이라는 이러한 중심으로부터 신자는 자신이 성도들과의 교제 가운데 있다고 느낀다. 그는 진리 전체, 사도들과 선지자들의 온전하고 풍부한 증언, 하나님의 말씀인 성경 전체와 늘 단단히 묶여 있다. 영혼과 성경이 이렇게 묶여 있는 것은, 모든 사랑과 마음의 모든 성향들이 그러하듯이, 의심할 여지 없이 신비적인 성격을 지니고 있지만, 그렇다고 해서 비이성적이거나 아무런 근거가 없는 것이 아니다. 감정은 일반적으로 믿음보다 훨씬 후에 뒤따라오고, 신자들의 경우는 더욱 그러하기 때문에, 믿음은 자신이 경험했거나 자신의 내적 경험으로부터 추론해낼 수 있는 것들만을 신적 진리로 받아들이는 것이 결코 아니다. 성경에 담겨 있는 하나님의 계시는 교회의 한 지체에게 주어진 것이 아니라, 모든 시대와 모든 시기와 모든 상황 속에 있던 교회에 주어져서 진리의 원천과 은혜의 수단이 되었다.

하지만 믿음은 철학자나 예술가, 교회나 사제가 진리로 제시하는 모든 것을 맹목적으로 받아들이지 않는다. 오늘날에는 한편으로는 종교에는 객관적 진리가 있고 인간이 진리를 알 수 있다는 것을 받아들이면서도, 다른 한편으로는 주관적으로 확실하다고 여겨지는 것들과 종교가 주는 힘과 위로만을 취하는 어중간한 길을 가고자 하는 사람들이 많다. 이것은 종교를 사적인 문제이자 심리학적으로 필요한 것으로 변질시킨다. 사람들은 자신이 특정한 시간과 장소에서 유용하고 필요하다고 생각하는 것들만을 참된 것으로 여긴다.

그러나 만일 객관적인 의미에서의 종교가 존재하지 않거나, 인간이 그런 종교를 알 수 없다고 한다면, 종교에 대한 주관적인 확신은 허구이고 망상이다. 만일 그리스도가 죽은 자 가운데서 부활하지 않으셨다면, 모든 설교(prediking)는 헛되고, 따라서 모든 믿음도 헛되다. 어떤 말씀이 믿음에 받아들여질 수 있기 위해서는 하나님으로부터 온 말씀이라는 것을 스스로 확증하고 인쳐야 한다. 성경으로 되돌아간 종교개혁이 또다시 분명히 보여주었듯이, 믿음은 처음부터 종교적인 성격을 지닌다. 믿음은 처음에는 역사적 지식이고, 나중에 신뢰나 사랑에 의해 보완되고 완성되는 것이 아니다. 믿음은 처음부터 종교적인 상태, 실천적인 지식, 내자신에게 적용되는 지식, 하나님이 내게 주신 약속들을 나의 것으로 받아들이는 것(전유專有, toeeigening)이다.

하지만 어떤 말씀이 하나님으로부터 온 말씀이라는 것을 내가 스스로 확증할 때에만, 내가 그 말씀을 나의 것으로 받아들이는

믿음의 확신

것이 가능하다. 만일 성경이 과거 사건들에 관한 이야기일 뿐이고 그 이상이 아니라면, 성경은 오직 역사적 근거들 위에서 역사적 믿음에 의해 받아들여질 수 있을 뿐이다. 하지만 성경은 역사이기는 하지만, 역사 이상의 것을 담고 있는 이야기이기 때문에, 하나님의 말씀으로서 사람들에게 와서 그들을 믿음과 회개로 부른다.

따라서 참된 믿음은 성경이 하나님의 말씀이라는 것을 알 수 있다. 성경의 증언을 받아들이는 사람은 누구든지 하나님이 참되시다는 것을 확증하는 것이다. 약속과 믿음은 서로 분리될 수 없는 하나의 쌍이어서, 서로를 부른다. 그리스도인은 성장하면 할수록 말씀을 더 잘 알게 되고 더 소중하게 여기게 되기 때문에, 더욱더 말씀에 뿌리를 내리게 된다. 또한 그는 그리스도가 어떤 분이신지를 증언하는 성경 말씀을 통해서 그에게 가감 없이 계시되는 그리스도를 앞에서 말한 것과 동일한 믿음의 행위로 받아들인다.

따라서 믿음은 진리를 지니고 있는 토대도 아니고, 진리에 대한 지식이 그에게로 흘러나오는 원천도 아니다. 믿음은 영혼의 기관(orgaan)으로서, 객관적이고 스스로 존재하는 진리를 인식한다. 믿음은 신자가 하나님의 말씀의 생명 샘에서 생명수를 길어 올리기 위해 사용하는 두레박이다. 모든 지각과 사고에서는 주체와 객체가 서로 일치할 것을 요구한다. 해가 하늘에서 빛나는 것으로는 충분하지 않다. 햇빛을 통해서 해를 보기 위해서는 눈도 필요하다. 눈에 보이는 세계가 사고를 구현한 것이라는 사실만으로는 충분하지 않다. 그 사고를 따라가서 자신의 의식으로 받아들이기 위해서는 지성(verstand)도 필요하다.

마찬가지로, 신자는 평범한 사람이지만, 그의 눈이 열려서 하늘에 속한 영원한 것들을 보게 되었고, 그의 마음은 천국의 신비들을 깨닫는 법을 알게 되었다. 그리스도인은 믿음을 통해서 진리에 대한 지식을 만들어내는 것이 아니라, 믿음으로 말미암아 구원의 신비들을 한층 더 깊이 꿰뚫어보게 된다. 하나님의 말씀은 언제나 그가 서 있는 단단한 땅이고, 그가 의지하는 반석이며, 그의 사고의 출발점이고, 그의 지식의 원천이며, 그의 삶의 준칙이고, 그의 길에 빛이자 그의 발에 등불이다.

확신의 차원들

하지만 그리스도인에게는 진리의 확신만으로는 충분하지 않다. 그에게는 구원의 확신도 필요하다. 그리스도인은 자신이 의지하는 대상이 확실할 뿐만 아니라 자기 자신과 관련해서 그 진리가 확실할 때에만 하나님의 자녀의 자유 속에서 쉼(안식)과 영광을 누릴 수 있다. 쉽게 구별될 수 있는 이 두 종류의 확신은 서로 분리될 수 없다. 이 둘은 밀접하게 서로 연결되어 있어서, 어느 하나가 없으면 다른 것도 존재하지 않는다.

믿음의 확신

이 점에서 믿음은 지식과 같다. 지식의 특징은 대상이 확실함과 동시에 지식 자체도 확실하다는 것이다. 우리가 어떤 것을 진정으로 확실하게 안다면, 이와 동시에 우리는 동시적으로 및 즉각적으로 우리가 알고 있다는 것을 안다. 진정한 참된 지식은 그 지식 자체에 관한 모든 의심을 배제한다. 지식은 이성적인 논증이나 자기성찰이나 논리적인 추론을 통해서 그러한 확신에 도달하는 것이 아니다. 지식이 대상에 비추는 빛은 즉시 반사되어서 지식을 되비추고 모든 어둠을 내쫓는다. 이것은 믿음에도 그대로 적용된다. 진정으로 믿음이라고 할 수 있는 믿음은 확신을 수반한다.

우리는 믿음을 다시 세분해서, 우리 조상들이 일컬었던 바 외향적 믿음의 행위와 내향적 믿음의 행위, 피난처를 구하는 믿음과 확실하게 신뢰하는 믿음, 믿음이 있는 것과 믿음이 제대로 있는 것을 구별할 수 있다. 그러나 이러한 구별이 좋다고 할지라도, 구별이 구분이 되어서는 안 된다. 믿음은 기계처럼 서로 다른 부분들을 조립해서 점차 하나의 통일체로 형성되어 가는 것이 아니다. 또한 믿음은 위로부터 우리 자신의 본성에 덧씌워진 선물이어서 언제나 우리의 본성에 이질적인 것도 아니다. 믿음은 하나님과 인간 간의 올바른 관계가 회복된 것이고, 평범한 자녀가 자기 아버지에 대한 신뢰를 다시 회복하게 된 것이다. 성경이 믿음이라고 부르는 영혼의 상태와 태도에는 본질적으로 확신이 포함되어 있고, 그것은 다른 무엇보다도 복음 안에서 우리에게 주어진 하나님의 약속들과 관련된 확신이지만, 은혜로 말미암아 우리도 이 약속들에 참여하고 있다는 확신이기도 하다.

후자의 확신은 외부에서 믿음으로 오지도 않고, 기계적으로 더해지는 것도 아니며, 특별 계시에 의해 믿음에 합류하는 것도 아니다. 이 확신은 처음부터 믿음 안에 포함되어 있고, 시간 속에서 믿음으로부터 유기적으로 흘러나온다. 믿음은 확신이고, 그렇기 때문에 모든 의심을 배제한다. 죄책에 짓눌려서 분쇄되어 그리스도 안에서 정직하게 피난처를 찾는 사람은 누구든지 이미 신자다. 그는 피난처를 찾는 신뢰를 보이는 정도만큼 확실한 신뢰를 소유하고 있다. 만일 자신의 죄책을 깨닫게 된 어떤 죄인이 자신의 마음 깊은 곳에서 자신도 의식하지 못하는 가운데 예수 그리스도의 아버지께서 자비로우시고 사랑과 인자하심이 크시다는 것을 믿는 믿음의 확신과 소망을 갖고 있지 않다면, 어떻게 감히 하나님 앞으로 나아가서 은혜를 구하겠는가?

종종 이것은 죄인이 마치 에스더처럼 자신의 죄악됨을 알면서도 "죽으면 죽으리이다"라는 심정으로 하나님 앞으로 나아가는 것으로 묘사되기도 한다. 하나님을 신뢰하여 피난처로 여기고서 하나님께로 피하는 것은 불확실한 실험도 아니고, 성공할 확률을 계산해서 한 번 모험을 해보는 것도 아니다. 그것은 그리스도를 의지해서 하나님께 은혜와 죄 사함을 구하며 부르짖는 사람을 누구든지 내쫓지 않을 것이라고 하신 하나님의 약속 위에 서는 것을 의미한다.

따라서 이렇게 피난처를 구하는 신뢰 속에는 확실한 신뢰가 포함되어 있다. 이 둘은 함께 발전해간다. 피난처를 구하는 신뢰가 강해질수록, 확실한 신뢰도 더 강해진다. 그리고 후자가 작고 약하다면, 우리는 전자도 빈약하고 불완전할 것이라고 자신 있게 결론을 내릴 수 있다. 따라서 믿음은 논리적 추론이나 믿음 및 그 믿음의 본질에 대한 끊임없는 성찰을 통해서 믿음과 관련한 확신에 도달하는 것이 아니다. 칸트의『순수이성비판』은 우리 믿음의 확신을 확증하는 데 거의 도움이 되지 않는다. 믿음의 확신은 믿음 자체로부터 즉시 직접적으로 우리에게 흘러온다. 확신은 믿음의 본질적인 특징이기 때문에, 믿음과 분리될 수 없고, 믿음의 본성에 속한다.

그럼에도 불구하고 가장 거룩하게 된 그리스도인에게서조차도 흔히 믿음 속에는 의심이 섞여 있다. 하지만 이 의심은 새 사람이 아니라 옛 사람에게서 기원한다. 성령의 빛 가운데서 믿음의 대상이 영혼의 눈 앞에 두어질 때, 그 동일한 빛은 믿음을 조명해서, 모든 의심 위로 믿음을 들어올린다. 광야의 이스라엘 백성들이 그들 자신을 바라보지 않고, 높이 들린 뱀을 쳐다보았을 때에 고침을 받은 것처럼, 신자는 자신의 믿음에 의거해서 기대할 때가 아니라, 하나님의 은혜로부터 오는 믿음으로 말미암아 자신의 구원에 대해 확신하게 된다.

이 확신은 언제나 믿음의 확신으로서, 원천과 본질에서 과학적인 확신과 아주 다르지만 마찬가지로 확고하고 흔들림이 없다. 이 확신은 인간의 추론에 의거하지 않고, 어떤 조건도 제시하지 않고 단지 모든 것이 이루어졌다고 선포하기만 하는 하나님의 말씀, 하나님의 약속들, 복음에 의거한다. 우리가 해야 할 모든 것은 이미 이루어진 그 일 속으로 들어가서 영원토록 그 안에서 안식하는 것이다.

확신은 위험하다?

기독교회는 흔히 하나님이 값없이 거저 주시는 이 풍요로운 복음을 그대로 선포하기를 주저하고서, 인간의 생각들에 맞춰 재단해 왔다. 이미 바울 시대에 많은 사람들은, 은혜가 악용되어서 육신의 욕망을 채우는 빌미가 될 것이고, 은혜가 더 넘치게 하기 위해서 더 많이 죄를 짓기 시작할 것이라고 염려하였다. 복음은 흔히 다양한 방식으로 율법으로 변질되었고, 하나님의 은사는 요구로 변질되었으며, 하나님의 약속들은 조건들로 변질되었다. 로마 가톨릭교회에서는 선행을 강조했고, 개신교회들에서는 사람이 진정으로 믿고 이 풍요로운 하나님의 은혜의 복음을 자기 것이 되게 하기 위해서는 이런저런 많은 체험들이 반드시 필요하다고 역설했다.

믿음의 확신

영적인 삶의 수호자들로 자처한 사제들은 신자들에게 오직 일련의 선행이나 진정한 내적 체험들의 열매이자 최종 산물로서의 믿음만을 가질 영혼의 권리와 자유를 허용했다. 일련의 행위(공로)들을 적은 긴 목록에 의해 믿음은 그 대상 ― 그리스도 안에서의 하나님의 은혜 ― 으로부터 분리되었고, 자신의 믿음의 발전을 끊임없이 살피고 성찰하는 것이 각 사람에게 의무로 부과되었다. 믿음은 그리스도 안에서만 발견될 수 있는 확신을 믿음 자체 안에서와 경험이라는 출렁이는 파도들 안에서 헛되이 찾았기 때문에 자신의 확신을 잃어버렸다.

믿음은 본질상 하나님으로부터 오는 말씀, 주로부터 오는 약속 외의 다른 것에서는 쉼(안식)을 발견할 수 없다. 그 밖의 다른 토대는 인간적인 것이어서 변하고 신뢰할 수 없는 것이기 때문에, 그런 토대 위에 세워진 믿음은 흔들리고 요동하게 된다. 오직 하나님으로부터 오는 말씀만이 우리의 영혼에 생명을 줄 수 있고, 우리의 소망을 세울 수 있는 요동하지 않는 토대를 제공해줄 수 있다.

하나님의 은혜와 우리의 믿음 사이에 끼어든 모든 인간적인 것들을 제거하고, 우리의 믿음이 오직 하나님의 약속들만을 직접적으로 바라볼 때, 믿음은 확실하고 흔들릴 수 없게 된다. 그랬을 때에 믿음은 이제 더 이상 주관적이고 변할 수 있는 토대가 아니라 객관적이고 영속적인 토대 위에 세워지게 된다. 그 토대가 흔들릴 수 없다는 사실은, 난파된 삶으로부터 목숨을 건지고서 믿음으로 그 토대 위에 굳건히 자신의 발을 딛고 있는 사람에게 그대로 전달된다. 믿음이라는 식물이 하나님의 약속들이라는 땅에 뿌리를 내리게 되면, 자연스럽게 확신의 열매를 맺게 된다. 믿음은 하나님의 약속들이라는 땅에 더 깊고 튼튼하게 뿌리를 내리게 될수록, 더 튼튼하고 크게 자라고, 그 열매도 더 풍성하게 맺힌다.

성례전에 의한 믿음의 확증

하나님의 약속들은 두 가지 형태로, 즉 들을 수 있는 설교와 볼 수 있는 성례전으로 우리에게 제시된다. 성례전들은 말씀의 표징과 인침이기 때문에 말씀에 종속된다. 성례전들은 말씀을 떠나서는 아무런 가치도 없고 성례전이기를 그친다. 따라서 성례전들은 말씀 속에 이미 포함되어 있고, 믿음으로 말미암아 말씀을 통해서 주어지는 은혜만을 표상하거나 전달할 수 있다. 또한 성례전들은 말씀을 믿는 믿음을 전제한다. 믿음으로 말씀을 받아들이지 않는 사람은 성례전에서 아무것도 얻을 수 없고, 성례전들을 사용함으로써 더욱더 변명할 수 없게 될 뿐이다. 성례전들은 말씀 안에 이미 있는 것들을 강화시켜줄 뿐이고, 말씀 안에 있지 않은 것을 만들어낼 수는 없기 때문에 오직 신자들을 위해 제정되었다. 성례전들이 본질적으로 그럴 수밖에 없는 것은 성례전이라는 것은 말씀에 종속되어서 말씀을 확증해주는 표징이자 인침이기 때문이다.

믿음의 확신

성례전들은 이러한 확증하고 강화시키는 능력을 두 가지 방식으로 행사한다.

첫째로, 성례전들은 신자들에게 하나님이 그들과 그들의 자손들의 하나님이 되실 것이라는 하나님의 약속들을 인쳐준다. 하나님은 자신의 언약을 기억하시고, 신자들에게 구원의 모든 복들 — 죄 사함과 영생 — 을 주신다. 하나님은 그들 안에서 시작하신 선한 역사를 포기하지 않으시고 완성하실 것이다.

둘째로, 성례전들에서 하나님의 약속들이 확증되는 것을 통해서 신자들의 믿음은 강화된다. 하나님의 약속들과 그 성취가 확실하다는 것이 확증됨으로써 믿음도 강해져간다. 의식은 존재를 뒤따른다. 아이는 성인이 되어가는 정도만큼 어린아이 같은 것들을 버리고 성숙해져서 분명한 자의식을 지니게 되고 지식의 온전한 빛 가운데서 행하게 된다. 감정은 뒷전으로 물러나고, 삶 전체가 믿음의 변함없는 확신에 의해 조명된다. 전에 바울은 이렇게 되었을 때에 성령의 인도함을 받는 자들은 하나님의 자녀들이기 때문에, 하나님의 성령이 자신의 영과 더불어서 자기가 하나님의 자녀라는 것을 증언했다고 말했다.

확신의 열매들

따라서 믿음의 이러한 본질로 인해서 믿음으로 그리스도께 접붙임을 받은 사람들은 반드시 감사의 열매를 맺게 된다. 행위로 말미암는 의를 믿는 사람들은 언제나 오직 하나님의 약속에만 의존하는 믿음은 도덕적으로 해로울 것이라고 염려하는 것으로 보인다. 하지만 그러한 염려는 전혀 근거가 없고 무익하다. 사실 행위 없는 죽은 믿음은 믿음이 아니기 때문이다.

모든 믿음은, 심지어 통상적이고 일상적인 믿음, 그리고 종교에서는 이른바 역사적이고 현세적이며 이적을 토대로 한 믿음이라고 할지라도, 자신만의 고유한 열매를 맺는다. 우리가 집을 떠나 있을 때에 우리 집이 재난을 당했다는 소식을 듣고 그것을 믿는다면, 우리는 그것에 아무런 영향도 받지 않은 채로 아무렇지도 않게 있을 수 없고, 즉시 행동을 취하여 쏜살같이 집으로 달려갈 것이다. 성경에서는 귀신들도 한 분 하나님이 계신다는 것을 믿는다고 말한다. 귀신들이 두려워 떠는 것은 그 사실을 믿고 부정할 수 없기 때문이다.

모든 기독교 세계를 전체적으로 복음의 진리들에 묶어 놓은 역사적 신앙도 열매가 없는 것이 아니었다. 광범위한 사람들이 그 신앙에 묶여 있어서 수많은 끔찍한 죄들로부터 보호를 받을 수 있었기 때문이다. 당시에 위선이 널리 퍼져 있었고 많은 악들이 은밀하게 자행되었다는 것은 사실이지만, 그럼에도 불구하고 그 위선은 진리와 미덕에 대해 충성 맹세를 하고서, 자신들이 행하는 악들이 잘못된 것이고 죄라는 것을 인정한 상태에서의 위선이었다. 그것이 오늘날의 사회에서 너무나 무시무시하고 가증스러

믿음의 확신

운 일들을 아무런 부끄러움도 없이 끔찍할 정도로 뻔뻔스럽게 대놓고 자행하는 것보다 더 나쁘지 않은 것이었음은 분명하다.

이렇게 모든 믿음은 자신의 대상과 본질에 따라 고유한 열매를 맺는다. 우리 믿음의 대상이 좋은 소식이냐 나쁜 소식이냐, 약속이냐 경고냐, 이야기냐 예언이냐, 복음이냐 율법이냐에 따라, 믿음의 성격이 달라지고, 그 믿음이 우리의 삶 속에서 맺는 열매도 달라질 것이다.

모든 믿음이 그러하다면, 오직 그리스도 안에서 하나님의 은혜를 의지하여 좋은 소식인 복음을 진정으로 받아들여서 영적으로 새롭게 된 마음에 뿌리를 둔 믿음은 얼마나 더 그러하겠는가. 그런 믿음은 부주의하고 불경건한 사람들을 만들어낼 수 없고, 그 고유한 본질에 따라 아버지 하나님을 영화롭게 해드리는 열매를 맺는다.

그러한 열매를 통해서 그 믿음의 실체와 올바름과 능력이 다시 한 번 드러난다. 경험과 선행은 그런 믿음의 참됨을 앞서서 증명해줄 수 없다. 모든 참된 경험과 모든 미덕의 행위들은 믿음의 뿌리가 아니라 열매들이다. 복음의 약속들은 우리가 믿음으로 우리 자신의 것으로 만든 후에야 우리의 마음에 영향력을 행사하고 우리의 의식 속에서 살아 움직이게 된다. 감정은 지성을 뒤따르고, 지성과 감정은 의지를 견인한다. 믿음은 감정생활의 원천이고, 우리 손으로 하는 일들을 활성화시키는 힘이다. 반면에 믿음이 선행되지 않는 경우에는 진정한 경험과 참된 선행은 뒤따를 수 없다.

우리가 믿음 안에서 확신을 가지고 확고하게 서 있지 않고, 도리어 계속해서 의심을 하는 경우에는, 우리는 계속해서 염려와 두려움을 경험하게 되고, 하나님의 자녀로서의 담대함과 신뢰를 가질 수 없다. 또한 우리는 계속해서 우리 자신에게 지나치게 몰두하느라고, 하나님과 우리 이웃을 사랑하는 일들에 전념할 수 없게 될 것이다. 우리 영혼의 눈은 계속해서 내면을 바라보고, 자유롭게 이 세계를 폭넓게 바라보지 못할 것이다. 우리는 여전히 두려움의 영에 어느 정도 종속되어 있을 것이다. 우리는 여전히 하나님이 멀리 계신 것처럼 느낄 것이고, 하나님과 교제하는 삶을 살지 못할 것이다. 우리는 우리 자신의 능력과 미덕들로 하나님을 기쁘시게 해드려야 한다는 생각을 내면에 품고 있을 것이고, 여전히 율법주의적인 원리 아래에서 행동할 것이다. 우리는 자녀가 아니라 계속해서 종으로 남아 있게 될 것이다.

반면에 우리가 믿음으로 하나님의 약속들을 즉시 굳게 붙잡고서 하나님의 차고 넘치는 은혜 안에 서는 경우에는, 우리는 하나님의 자녀들이 되고 양자의 영을 받는다. 우리는 하나님의 자녀가 되었기 때문에, 양자의 영이 우리에게 주어지는 것은 합당하다. 이 영은 우리의 영과 더불어서 우리가 하나님의 자녀라는 것을 증언한다. 그 때에 우리는 우리가 하나님의 자녀라는 것을 느끼게 되고, 자녀로서의 신분과 경험을 갖게 되며, 당연한 말이지만 종들처럼 삯을 위해서가 아니라 감사함으로 선행을 하게 된다.

우리가 자녀라면, 또한 우리는 상속자, 하나님의 상속자, 그리스도와 함께 공동상속자다. 과거에 구원의 순서가 거꾸로 되어서 믿음이 그 유일하고 고유한 대상으로부터 분리되었을 때에는 믿는 자들은 점점 더 그들 자신에게 집중했기 때문에, 세상은 내팽개쳐두고서, 그들끼리 비밀 집회들을 가지고서 서로 만나 영적인 문제들을 토론하는 데 몰두하였었다.

경건주의적인 그리스도인들은 요란한 세상으로부터 물러나서 그들만의 친밀한 집단 속에 머물러 있는 것을 선호했다. 종교적이고 영적인 삶이 유일하게 참된 삶이었다. 그것 이외의 다른 모든 활동들은 별 가치가 없는 것으로 여기고서 도외시하였다. 실제로 그들은 자신의 배우자와 가족과 사회 속에서의 직업에 묶여 있었기 때문에 그런 것들에 어느 정도 주의를 기울여야 했지만, 그렇게 하는 것을 탐탁지 않게 여기는 분위기가 강했다.

세상 속에서의 삶과 영적인 삶은 날카롭게 대비되는 것으로 생각되었고, 전자는 언제나 어느 정도는 세상을 섬기는 것으로 여겨졌다. 어쨌든 세상 속에서의 삶은 열등한 삶이었다. 조용히 앉아서 묵상하거나, 믿는 자들의 무리 가운데서 하나님이 그들의 영혼에 행하신 일들을 나누는 것이 진정한 삶이었고, 이상적인 삶이었으며, 그리스도인들이 진정으로 해야 할 일이었다.

이 땅에서의 그리스도인의 소임에 관한 그러한 인식은 우리가 앞에서 이미 언급한 구원의 순서가 거꾸로 되었기 때문에 생겨났다. 그들은 그리스도인은 무거운 짐을 지고 탄식하는 가운데 살아가면서 일련의 내적인 경험들을 하고 난 후에, 생애 말기에나 믿음의 확신에 도달해서 쉼을 얻을 수 있게 되는 운명을 지닌 사람이라고 믿었다.

확신은 그리스도인으로서의 모든 노력의 출발점이 아니라 목표가 되어 버렸다. 구원받는 것은 그리스도인이 간절히 원하는 모든 것이 되었다. 그리스도인은 자신의 상태에 대해 확신을 가질 수 없었기 때문에, 자기 자신을 성찰하는 데 몰두해야 했고, 밖으로 눈을 돌려서 세상을 바꾸는 일을 할 용기도 없었고 그럴 힘도 없었다. 힘들고 괴로운 삶을 마치고 나서 천국에 갈 수만 있다면, 그것으로 충분했다. 그리스도인은 세상의 종이 되어 살아가는 것보다는 차라리 이 세상을 떠나는 것을 더 선호했다.

이렇게 경건주의적인 그리스도인들은 한 가지 꼭 필요한 일을 과대평가하고 지나치게 강조했던 반면에, 오늘날 바쁘게 살아가는 그리스도인들에게는 바로 그 한 가지 꼭 필요한 일이 흔히 결여되어 있다. 19세기를 살았던 경건주의적인 그리스도인들이 그들 자신에게 몰두하여 세상(wereld)을 잊었다고 한다면, 오늘날 우리는 세상 속에서 우리 자신(onszelven)을 잃어버릴 위험성을 감수하며 살아간다. 오늘날 우리는 그리스도를 위하여 온 세상을 변화시키고 삶의 모든 영역들을 정복하기 위하여 밖으로 나간다.

그러나 우리는 흔히 우리 자신이 진정으로 회심했는지, 그리고 우리가 사나 죽으나 그리스도의 것인지를 스스로에게 물어보는 것을 소홀히 한다. 이 질문은 우리 인생에서 가장 중요한 것이다. 따라서 우리는 이 질문을 경건주의나 감리교 신앙으로 치부해서 우리의 개인적인 삶이나 교회 생활에서 추방해 버려서는 안 된다. 어떤 사람이 온 세상을 복음화했다고 해도 자신의 영혼을 잃어버린다면, 그것이 그에게 무슨 유익이 있겠는가?

하지만 이것은 기독교가 개인 영혼의 구원에 국한된 것이라고 말하는 것은 아니다. 성경과 종교개혁의 신앙고백에 따라, 믿음을 구원의 여정(heilsweg)의 끝이 아니라 시작에 두는 사람들에게는 모든 것이 백팔십도 달라져보이게 된다. 구원의 여정은 믿음의 확신을 얻기 위해 고군분투하는 것이 아니라, 믿음에 의거해서 살아가는 것이다. 그런 그리스도인은 그리스도 안에서 하나님의 은혜의 약속들 위에 서 있다. 그의 소망의 토대들은 자기 밖에 있는 결코 변할 수 없는 하나님의 말씀 안에 있기 때문에 확실하고 확고하다.

그는 자신의 구원이라는 건물이 세워져 있는 토대가 참되고 튼튼한지를 끊임없이 살펴볼 필요가 없다. 그는 온갖 종류의 내적 경험들이 아니라 하나님의 약속들에 의거해서 하나님의 자녀다. 그는 이것을 확신할 수 있기 때문에 이제 자유롭게 주위를 둘러

보며, 빛들의 아버지에게서 내려오는 온갖 선한 선물들과 완전한 선물을 누릴 수 있다. 모든 것이 그의 것이다. 그는 그리스도의 소유이고, 그리스도는 하나님의 소유이기 때문이다. 그에게는 온 세상이 자신이 섬겨야 할 곳이 된다.

물론 종교적인 삶은 고유한 내용과 독립적인 가치를 지닌다. 종교적인 삶은 여전히 그리스도인의 모든 사고와 행위가 흘러나오는 중심이고 심장으로서, 그 모든 것들을 살아 움직이게 해서 생명의 온기를 퍼뜨린다. 종교적인 삶을 통해서 그는 하나님과 교제함으로써 자신의 수고를 위한 힘을 얻고, 싸울 수 있는 준비를 갖춘다. 하지만 하나님과 교제하는 신비한 삶은 그의 삶 전체가 아니다. 기도실은 그가 내밀하게 거하는 곳이긴 하지만, 그가 살아가고 활동하는 집 전체는 아니다.

영적인 삶은 가족과 사회생활, 사업과 정치, 예술과 학문을 배제하지 않는다. 영적인 삶은 그런 것들과 구별되고 훨씬 더 큰 가치를 지니지만, 그런 것들과 철저하게 반대되거나 양립할 수 없는 것이 아니다. 도리어 영적인 삶은 우리로 하여금 이 땅에서의 우리의 소명을 신실하게 수행할 수 있게 해주고, 우리의 삶 전체가 하나님을 섬기는 것이 되게 해주는 힘이다. 하나님의 나라는 온 세상보다 더 귀한 진주 같은 것이라는 것은 분명하지만, 반죽 전체를 부풀어 오르게 하는 누룩 같은 것이기도 하다. 믿음은 오직 구원의 길인 것에서 그치지 않고, 세상을 이기는 것도 포함한다.

성경과 하이델베르크 요리문답에서 말하는 그리스도인은 이 확신 안에 서서 행한다. 하나님과 화해를 이룬 그리스도인은 만물과도 화해를 이룬 사람이다. 그는 그리스도의 아버지 안에서 전능하신 천지의 창조주를 고백하는 사람이기 때문에, 좁은 마음을 지니고서 작은 테두리 안에 갇혀 살아갈 수 없다. 하나님께서 친히 세상을 이토록 사랑하셔서 자신의 독생자를 보내어 그를 믿는 사람마다 멸망하지 않고 영생을 얻게 하셨기 때문이다. 이 아들은 세상을 정죄하기 위해서가 아니라 구원하기 위하여 오셨다. 이 아들의 십자가 안에서 하늘과 땅은 화해를 이룬다. 이 아들 아래에서 만물은 머리이신 그를 중심으로 결집될 것이다.

만물의 역사는 하나님의 경륜(계획)에 따라 새로운 인류인 교회의 구속, 이 세계의 해방, 새 하늘과 새 땅을 향해 나아가고 있다. 현재에도 모든 것은 원칙적으로 교회의 소유다. 교회는 그리스도의 소유이고, 그리스도는 하나님의 소유이기 때문이다. 믿는 자는 하나님의 성전에서 섬기는 제사장으로서 온 세상에 대해 왕 노릇 한다. 그는 그리스도인이기 때문에 온전하고 참된 의미에서 인간이다. 그는 자기 발 앞에서 자라나는 꽃들을 사랑하고, 머리 위에서 반짝이는 별들을 경이로운 눈으로 바라본다. 그는 하나님이 그에게 주신 귀한 선물인 예술들을 멸시하지 않는다. 또한 그는 학문들을 경시하지 않는다. 학문들도 빛들의 아버지가 주신 귀한 선물이기 때문이다.

그는 하나님이 창조하신 모든 것이 선하고, 감사함으로 받으면 정죄받지 않는다고 믿는다. 그는 성공을 위해 수고하거나, 품삯(보수)을 위해 일하지 않고, 비록 장래에 무슨 일이 생길지를 알지 못하지만, 하나님의 계명들을 따라 자신에게 주어진 일들을 행한다. 그는 선한 일이라면 두말없이 행하고, 자신이 깨닫기도 전에 열매를 맺는다. 그는 자기도 모르는 사이에 향기를 퍼뜨리는 꽃과 같다. 한 마디로 말해서, 그는 모든 선한 일을 행할 준비가 완벽하게 갖추어져 있는 하나님의 사람이다. 그리고 그의 안에서 그리스도가 사시는 것이기 때문에, 죽는 것도 그에게는 유익이다.

작품 해설 · 헹크 판 던 벨트

헤르만 바빙크의 생애 · 헨리 자일스트라

해제 · 임경근

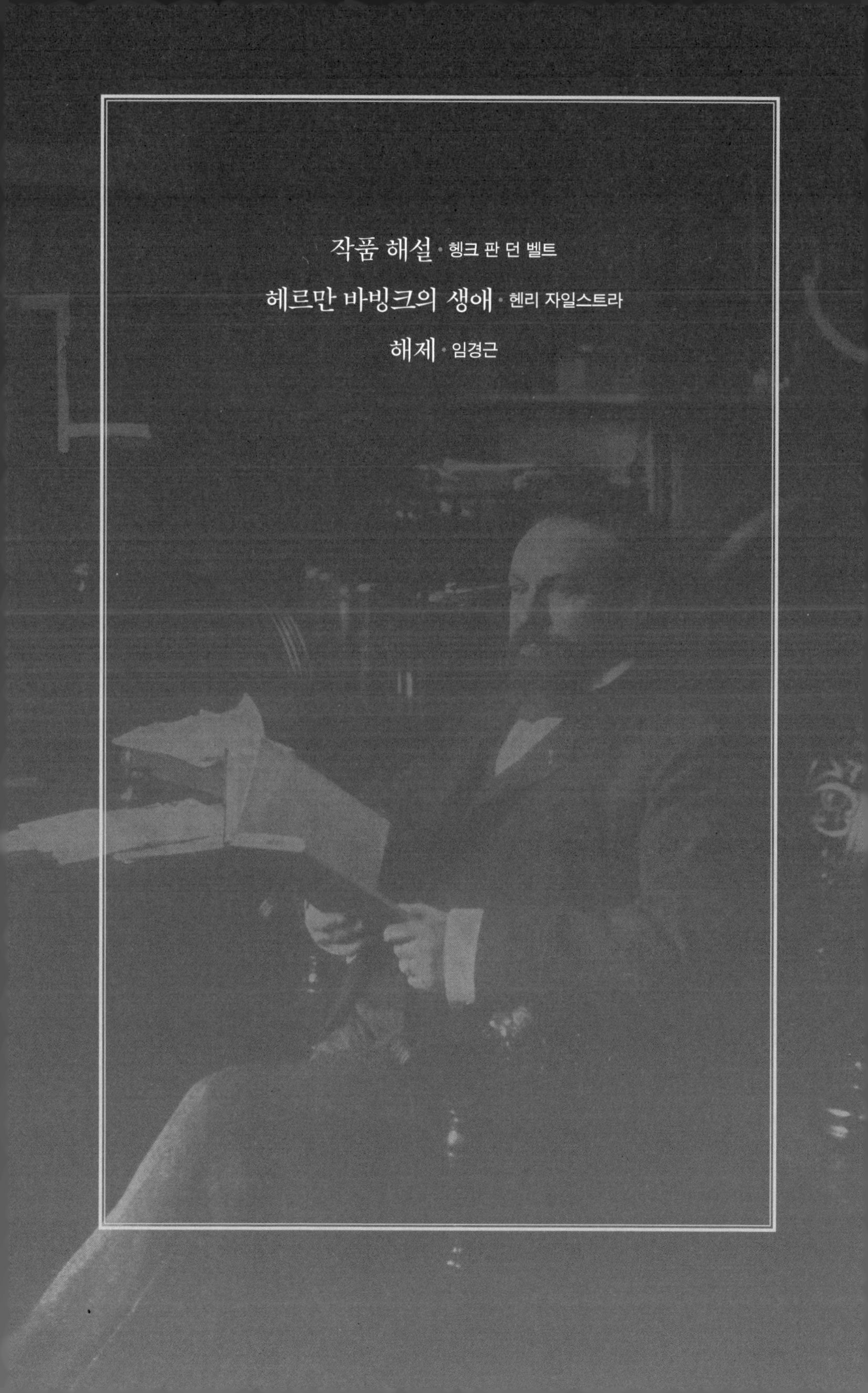

작품 해설

헹크 판 던 벨트[1]

헤르만 바빙크가 1901년에 저술한 이 책 『믿음의 확신』은 그의 많은 저서들 가운데 매우 특별한 위치를 차지한다. 왜냐하면 이 훌륭한 책 속에 그의 신학의 거의 대부분의 특징들이 그대로 담겨 있기 때문이다.

보편성

바빙크의 신학은 이 책의 역사적 부분이 보여주는 것처럼 기독교 전통 속에 깊이 뿌리박혀 있다. 그는 기독교 역사 속에서 등장

---

1 이 글은 2020년 부활절에 역자의 요청에 의해 헹크 판 던 벨트 교수가 답장으로 보내준 글이다. 현재, 네덜란드 자유대학교 조직신학 교수이다.

했던 다른 입장들을 평가하면서 그것의 유산을 소중히 붙잡는다. 예컨대 그는 경건주의의 주관적인 경향을 비판하는 가운데서도 여전히 그것이 가진 장점들을 긍정적으로 평가할 수 있었다. 어떤 경우든 그는 종교개혁의 근원으로 돌아감을 통해 개혁 신학을 다시 되살리기를 바란다. "전통은 이전 세대의 모든 보화들이 현재 세대와 미래 세대로 전달되는 수단이다"(『개혁교의학』 1:492). 바빙크는 또한 평화주의 신학자이다. 개혁 신학은 그에게 있어 보편적 신학이다. 그는 반대자들에게 적대적이지 않은 방식으로 접근하면서, 그들의 의견에도 진리의 요소가 있음을 인정한다. 그는 신학적 논제들을 반(反)의 방식이 아니라 합(合)의 방식으로 접근한다.

1888년에 행한 "기독교 세계와 교회의 보편성"이란 제목의 설교에서, 그는 "교회는 하나로서 모든 세대와 모든 나라와 모든 장소로부터 모든 신자들을 예외 없이 포함한다"고 말한다. 스스로를 좁은 울타리 안에 가두는 그리스도인은 참된 보편성을 이해하지 못한 것이며, 그런 사람들은 살아가면서 그러한 보편성이 가져다주는 능력과 위로를 경험하지 못할 것이다. 바빙크는 이러한 보편성을 부인하는 분리주의와, 분리주의적 삶을 추구하고자 하는 유혹에 대해 단호히 경고한다. 이러한 보편주의는 그의 신학에 있어 매우 중요한 부분을 차지한다.

믿음의 확신

발전성

바빙크는 오랜 세월동안 기독교 신앙의 확실성과 더불어 씨름하면서, 그러한 주제를 정확하게 서술하고자 했다. 최근에 출판된 『개혁주의 윤리학』(Reformed Ethics)에서, 우리는 바빙크가 1891년에 "믿음의 확신"과 관련하여 캄펀(Kampen)에서 그의 학생들을 위해 행한 강의에서 어떻게 이러한 주제를 다루었는지를 보게 된다. 그때 행한 강의가 바로 이 책의 기초를 이루고 있다. 그때 그의 강의를 들은 학생들 가운데 그의 두 동생 디누스와 요한이 있었다. 그의 두 동생뿐 아니라 모든 학생들이 이 젊은 신학교수를 "헤르만"이라고 불렀다. 그때의 강의와 이 책의 초판 사이에 『개혁교의학』(Reformed Dogmatics) 초판이 출판되었다.

그는 『개혁교의학』에서 신학의 외적 원리와 내적 원리를 서술하는 가운데 기독교 신앙의 확신에 대한 자신의 생각을 체계화한다. 성령에 의해 작동되는 신앙의 내적 원리는 성경에 계시된 하나님의 말씀의 외적 원리와 조응(照應)한다. 이러한 조응은 하나님의 일반계시와 신성(神性)의 의식 혹은 모든 사람의 마음속에 심겨진 종교심의 씨앗 사이의 조응과 병행을 이룬다.

바빙크는 이런 방식으로 일반계시와 특별계시를 서로 연결시킨다. 심지어 그는 믿음의 외적 원리와 내적 원리가 어떻게 우리의 모든 이해력(understanding)과 병행을 이루는지를 보임으로써 양자(일반계시와 특별계시)를 일반적 인식론에 연결시키기까지 한다.

성부 하나님의 강력한 역사(役事)를 우리는 이러한 모든 조응들 속에서 추적할 수 있다. 왜냐하면 모든 것을 함께 붙잡고 계시는 분은 하나님이시기 때문이다.

바빙크 자신의 입장을 올바로 이해하기 위해서는 이 책을 『개혁교의학』에 나타난 그의 확장된 사상의 빛 속에서 읽는 것이 매우 중요하다. 우리는 1901년과 1903년에 출판된 『믿음의 확신』 초판 및 재판과 그에 대한 워필드(Benjamin B. Warfield, 1851-1921)의 냉철한 비평을 면밀하게 비교할 필요가 있다. 워필드는 『믿음의 확신』 초판에서 바빙크가 오늘날 우리가 전제주의(presuppositional)라고 부르는 방식의 변증론을 거의 사용하지 않은 사실에 크게 놀랐다. 바빙크에 따르면, 기독교 신학자는 그의 모든 신학적 입장을 기독교 계시로부터 출발해야 한다. 그것은 그가 자신이 받은 빛을 부인할 수 없기 때문이다. 바빙크는 자신의 출발점을 중립적 태도로부터 취하지 않는다. 도리어 그는 자신의 모든 사상에 있어 항상 기독교 신앙을 전제한다. 이와 같은 방식의 전제주의적 변증론은 그로 하여금 이러한 주제를 그의 『계시 철학』(*Philosophy of Revelation*)에서 인식론적 접근방식을 사용하여 좀 더 충분하게 다루도록 이끌었다.

적실성(適實性)

나는 앞에 언급된 바빙크의 책들이 다음과 같은 세 가지 이유

믿음의 확신

로 오늘날에도 큰 적실성을 갖는다고 생각한다. 첫째로, 그러한 책들은 교리와 영성의 일치를 분명하게 보여준다. 바빙크는 신학적 지식을 항상 하나님과의 인격적 관계와 연결시킨다. 이러한 실존적 요소는 그의 『개혁교의학』에서 뿐만 아니라 그의 좀 더 대중적 신학 저서들 속에서도 분명하게 나타난다. 그는 교리적 요소와 실존적 요소를 일치시키기를 원했다. 그는 그의 경건주의적 배경과 현대적 주제들에 대한 그의 열정이라고 하는 두 기둥 사이에 선다. 그러므로 우리는 이 책에서, 기독교의 확신의 주제(당신은 어떻게 이것이 진리인 것을 알 수 있나?)와 구원의 확신의 개인적이며 경험적인 문제(당신은 어떻게 당신이 하나님의 자녀인 것을 알 수 있나?)가 서로 뒤엉켜 있는 것을 발견하게 된다. 이러한 일치야말로 신학에 있어 지성주의(intellectualism)를 피할 수 있는 유일한 길이다.

둘째로, 이 책과 『개혁교의학』 사이의 관계가 보여주는 것처럼, 바빙크는 우리가 일반적 지식을 얻는 방식과 우리가 기독교 신앙을 확신하게 되는 방식을 일치시킨다. 인식론과 신학의 일치는 성령의 증언 위에 기초한다. 종국적으로 우리의 모든 지식은 믿음 즉 감각적 지각에 대한 신뢰나 혹은 역사적 자료에 대한 신뢰 위에 기초한다. 진리 없이는 지식도 없으며, 이러한 신뢰를 위해 우리는 객관적 세계와 세계에 대한 주관적 지식을 함께 붙잡고 계시는 전능하신 창조주 하나님에 대한 기본적 믿음을 필요로 한다.

마지막으로, 바빙크는 믿음과 과학 사이를 구분하면서도 여전히 그것들을 함께 붙잡는다. 그에 따를 때, 믿음의 확신은 모든 형태의 과학적 확신과 다르다. 왜냐하면 우리의 최고의 확신은 증거의 결과가 아니기 때문이다. 이러한 확신은 매우 깊은 곳에 뿌리를 박고 있다. 하나님의 자녀로서의 우리의 의식은 우리가 양육받은 종교적 개념들과 결합된다. 이러한 확신은 객관적인 의미에서 과학적인 확신보다 약하다. 과학적인 확신은 이성적인 기초 위에 근거한다. 반면 믿음의 확신은 계시와 권위 위에 근거하며, 따라서 그것은 그러한 권위를 인정하는 믿음의 결과이다.

그러나 믿음의 확신의 주관적 힘은 과학적 확신보다 훨씬 더 강하다. 믿음의 확신은 모든 것 가운데 가장 깊고 강렬하다. 왜냐하면 그것은 마음에 뿌리를 박고 있기 때문이다. 믿음의 확신은 가장 완전한 안식이며, 최고의 영적 자유이다. 그렇지만 어쨌든 믿음의 확신과 과학적 확신은 서로 병행관계를 이룬다. 왜냐하면 믿음과 과학 모두 궁극적으로 하나님의 계시 위에 기초하기 때문이다. 바빙크는 이와 같은 방식으로 우리의 눈을 믿음과 과학의 일치로 향하도록 이끈다.

확실성

믿음의 확신과 이와 연결된 구원의 확신은 그리스도인의 삶의 최종 목적지가 아니다. 그리스도인의 삶의 최종 목적지는 오직 오랜 싸움 후에 도달될 수 있을 뿐이다. 도리어 믿음의 확신과 이와 연결된 구원의 확신은 그리스도인의 삶이 전개되는 출발점이 되어야 한다. 성숙한 그리스도인은 제사장이면서 동시에 왕이며, 그는 이러한 직분들을 의식한다. "주의 성전의 제사장으로서 이것을 믿는 자는 세상 전체를 다스리는 왕이다." 믿음과 과학, 신학과 인식론, 영성과 교리는 정확하게 하나로 일치된다. 그것은 성숙한 그리스도인이 충분하고 참된 의미에서 인간이기 때문이다.

"그는 자기 발 아래에서 자라는 꽃들을 사랑하며, 자기 머리 위에서 반짝이는 별들을 감탄한다. 그는 하나님으로부터 받은 고귀한 선물인 기술(arts)을 멸시하지 않는다. 또 그는 과학도 얕잡아 보지 않는다. 왜냐하면 과학 역시도 빛의 아버지로부터 온 선물이기 때문이다. 이와 같은 확신을 가진 그리스도인은 모든 선한 것들로 완전하게 구비된 하나님의 사람이다."

헹크 판 던 벨트,
2020년 부활절
암스테르담에서

헤르만 바빙크의 생애

헨리 자일스트라

네덜란드 개혁교회, 즉 헤르포름더 교회(Hervormde kerken)와 구별되는 허레이포르미이르더 교회(Gereformeerde)의 역사를 아주 잘 알고 있는 사람들은 1834년의 아프스헤이딩(Afscheiding: 분리)와 1886년의 돌레앙시(Doleantie: 애통)의 후계자들 사이에서 아브라함 카이퍼와 헤르만 바빙크만큼 존경받는 사람들이 없다는 것을 알 것이다.

이 두 사람은 기독교적 사역에서 거대한 업적을 이룬 영웅적 인물들이었다. 그들의 생애는 마지막에 가서 대체로 거의 같은 시기에 끝난다. 20세기 초는 유럽에서나 미국에서나 모두 역사적 인 기독교 신앙의 혜택에 있어서 하나님께 특별한 은총을 받은 시기로 간주해야 할 것이다.

이 두 사람이 그동안 많이 비교되고 대조되었는데, 요즘 때맞춰 네덜란드에서 개혁교회 대의의 충실한 두 선봉장으로 사람들의 입에 자주 오르내리게 되었다. 어떤 사람은 두 사람의 차이를 이렇게 이야기한다.

"카이퍼에게서 우리는 재기가 번뜩이는 천재의 모습을 보고, 바빙크에게서는 두뇌가 명석한 인물을 보게 된다."

바빙크의 첫 번째 전기작가인 란트베어(J. H. Landwehr) 목사는 차이점을 또 다르게 이야기한다.

"바빙크는 아리스토텔레스주의적인 인물이었고, 카이퍼는 플라톤의 정신을 따르는 사람이었다. 바빙크는 개념이 명확한 사람이었고 카이퍼는 창조적인 생각의 소유자였다. 바빙크는 역사적으로 주어진 것을 가지고 일을 하였고, 카이퍼는 직관에 의지하여 생각을 사색적으로 밀고 나갔다. 바빙크는 주로 귀납적으로 사고를 하였고, 카이퍼는 주로 연역적으로 사고하였다."

두 사람은 19세기 네덜란드의 생활과 사상에서 칼빈주의의 활력을 되살리는데 서로를 보완하였다.

헤르만 바빙크는 1854년 12월 13일에 태어났다. 1954년에 네덜란드에서는 그의 탄생 100주년 기념행사가 대대적으로 거행되었다. 사람들이 그의 공헌에 감사를 표현하며 그 성격과 범위를 재음미하였다. 바빙크는 드렌테(Drenthe) 지방의 호허페인

(Hoogeveen)이라는 마을에서 태어났다. 그의 부친 얀 바빙크는 1834년에 네덜란드 국가 교회(the State Church of Holland)에서 분리하여 역사적인 기독교 전통을 순수하게 유지하는 입장에 선 교회의 목사였다.

젊은 바빙크는 츠볼러(Zwolle)에 있는 고등학교에서 우수한 성적으로 학업을 마친 뒤에 캄펀(Kampen)에 있는 그의 교단 신학교에 들어갔다. 그는 이 신학교에서 1년밖에 공부하지 않았다. 그는 신학 수업을 더 받기 위해 레이던(Leiden)으로 가기로 결심하였다. 레이던 대학교는 그에게 적어도 두 가지 점에서 유익을 주었다. 그것은 실질적인 학문에 관심을 갖게 된 것과 자유주의에 영향을 받은 현대 신학을 직접 접하게 된 것이었다. 이 두 가지 면에서 그는 매우 유익한 교훈을 배웠다. 정통 개혁 신학을 위한 견실한 신학이라는 이상이 일생 그의 생활에서 높은 위치를 차지하였다. 그리고 좀 더 새로운 종교 사상을 익숙하게 앎으로써 그는 또한 그의 칼빈주의 신념들을 깊이 있게 생각하게 되었고, 당대의 문제들을 현실적으로 다루는 신학에 적합한 인물이었다.

1880년에 그는 레이던대학교를 졸업하면서 츠빙글리의 윤리학에 대한 논문을 썼다. 그는 프라아너커(Franeker)에 있는 교회에서 1년 동안 목회한 후에, 캄펀 신학교의 교의학 교수로 임명되었다. 그의 취임 강연 주제인 "거룩한 신학의 학문"(De Wetenschap der Heilige Godgeleerdheid, 1882)은 일생 동안 그를 매혹시킨 주제였다.

믿음의 확신

20년 동안 캄펀 신학교에서 왕성하게 연구하고 효과적으로 가르치는 동안 그는 암스테르담의 자유 대학교로부터 세 번에 걸쳐 신학 교수직을 제의받았다. 제의를 세 번이나 받은 후에, 그리고 양심적으로 생각할 때 자신이 자기 교회의 신학 교육의 순전함을 해치게 되지 않으리라는 것을 확인하고 나서야 비로소 그 제의를 받아들였다(그의 소책자 『거절하느냐 받아들이느냐』[캄펜, 1902] 참조). 바빙크가 자유 대학교에서 카이퍼의 후임자가 된 것은 아브라함 카이퍼가 암스테르담에서 교수직을 내려놓고 헤이그에서 정부의 장관직을 맡았을 때였다.

바빙크는 첫째로 신학자였고, 교의학자였다. 그의 걸작은 네 권으로 된 『개혁교의학』이다. 이 책은 캄펀에서 수행한 학문적 노력의 결과였는데, 1895년에서 1901년에 걸쳐 초판이 나왔고, 그 다음 1906년에서 1911년에, 그리고 그 후에 개정판이 나왔다. 이 걸작 중의 한 권으로 헨드릭슨(W. Hendriksen)이 편집하고 번역한 『신론』이 1915년 그랜드 래피즈(Grand Rapids)에서 출판되었다. 또한 1909년에 『하나님이 행하신 놀라운 일들』이라는 제목으로 출판된 책은 네 권으로 된 『개혁교의학』의 요약 혹은 개요이다. 『개혁교의학 개요』는 『개혁교의학』보다는 덜 전문적이고 좀 더 일반적인 것으로, 대중이 좀 더 쉽게 읽을 수 있도록 쓰인 책이며, 성경 구절의 인용과 주석이 좀 더 충분히 뒷받침된 책이다. 그러나 이것은 대작인 『개혁교의학』과 마찬가지로 기본적인 기독교 교리에 관한 책이다(CH북스 역간).

바빙크가 신학자라기보다는 철학자에 가깝다고 말한 사람들이 있다. 그의 신학이 훈련받은 박식한 철학자의 면모를 보이는 것은 사실이다. 그러나 바빙크는 그의 교의학에서 무엇보다도 성경적인 신학자가 되고자 하였다. 그것은 란트베어(Landwehr)가 말한 것과 같다.

"칼빈이 그의 사상들을 성경에서 그러모았듯이 바빙크도 언제나 그의 사상들을 얻기 위해 성경을 조사하였고, 그 사상들을 체계화하는 일에 성경의 지도를 받았다."

또한 그는 신학이라는 직업에서 종교의 현실을 들여다보면서도 확실한 의견을 말하지 않고 그저 초연하게 바라보기만 하는 구경꾼이 아니었다. 암스테르담 자유 대학교에서 행한 취임 강연인 "종교와 신학"(Godsdienst en Godgeleerdheid, 1902)에서 그는 이렇게 말했다.

"그러므로 신앙, 곧 하나님을 경외함이 모든 신학적 연구에 활기와 영감을 불어넣는 요소가 되어야 합니다. 바로 그것이 신학이라는 학문의 감흥이 되어야 합니다. 신학자는 하나님으로부터 말하고, 하나님을 통해서 말하기 때문에 하나님에 대해 담대히 말하는 사람입니다. 신학을 하는 것은 거룩한 일을 하는 것입니다. 그것은 하나님의 집에서 제사장의 직무를 행하는 것입니다. 신학 자체가 예배의 일입니다. 즉 하나님의 이름을 영화롭게 하는데 마음과 지성을 바치는 것입니다."

바빙크는 신학이라는 학문을 이런 식으로 수행하였다. 그의 제자였던 란트베어(Landwehr)는 강의실에서 상황이 어떻게 진행되었는지를 다음과 같이 이야기한다. 바빙크 교수는 진리에 감동을 받으면 강의가 설교가 되었다고 전한다. 그리고 그의 전기 작가들 대부분이 바빙크가 마지막으로 병석에 있을 때 한 말을 기록하고 있다. "이제 나의 학문은 내게 아무 소용이 없고 내 교의학도 소용이 없습니다. 오직 내 믿음만이 나를 구원할 수 있을 뿐입니다." 이것은 그가 신학이라는 학문의 연구에 바친 삶을 낮추어 말하고 있는 것이 아니라 단지 중요성의 바른 순서를 이야기하고 있었던 것뿐이다.

바빙크는 신앙과 신학, 철학과 응용 윤리학 분야에서, 그리고 특별히 심리학과 교육학 분야에서 실질적인 책들을 적지 않게 저술하였다. 그의 출판된 저작 목록에는 정식 책들 외에도 취임 강연과 학장으로서 연설, 그밖에 학문적인 연설들이 많이 포함되어 있는데, 이 목록이 란트베어의 표에서는 60개 항목에 이른다. 그가 부지런히 잡지에 기고한 글들은 여기에 포함되지 않았다. 신앙과 신학의 분야에서, 『개혁교의학』과 『개혁교의학 개요』 외에도 다음의 책들은 언급할 만한 가치가 있는 것들이다.

1888년에 그는 『기독교의 보편성과 교회』라는 제목을 붙인, 세계 교회 운동에 대한 작지만 항구적인 가치를 지닌 걸작을 발표하였다. 1894년에는, 맨 처음 칼빈이 대략적으로 설명하였고 또 아브라함 카이퍼가 크게 발전시킨 주제, 즉 일반 은혜(Common Grace: De Algemeene Genade)에 대해 결정적인 강연을 발표하였다. 『찬미의 제사』(1902)라는 그의 아름다운 명상집은 그가 죽을 때까지 6판(版)을 거듭하였고, 1922년에는 영어로 번역되어 미국에서 출판되었다. 그리고 그 책에 대한 일종의 자매 편인 『믿음의 확신』이 같은 해에 출판되었다. 그리고 1911년에 "현대사상과 정통신앙"(Modernisme en Orthodoxie)이라는 제목으로 발표한 강연과, 1903년에 발표한 "소명과 중생"(Roeping en Wedergeboorte)이라는 강연이 또한 중요하다.

좀 더 철학적인 경향을 띤 그의 책들 가운데는 프린스턴 대학교에서 행한 "스톤 강좌의 강연들"(the Princeton Stone Lectures)이 있다. 이 강연들은 1901년에 시행되었고, 다음 해에 『계시의 철학, 이 시대의 윤리학』(1902)이라는 제목을 붙여 영어로 출판되었고, 1904년에 행한 두 번의 철학 강연은 『기독교 철학』과 『기독교 세계관과 인생관』이라는 제목으로 출판되었다. 바빙크의 마음을 거듭거듭 사로잡았고, 그가 가장 원숙한 사고를 기울인 주제는 신앙과 학문의 상호관계라는 것이었다. 정통 신앙에 입각한 기독교 고등 교육을 실시하는 어떤 기관도 이 주제에 관한, 다음의 그의 많은 저서들을 결코 무시할 수 없을 것이다. 『신앙과 신학』(1902), 『교육과 신학』(1896), 『신학 박사 혹은 신학 교수의 직무』(1899), 『학문과 철학』(1899), 『교회의 권위와 학문의 자유』(1899), 『신학교와 자유대학교』(1899).

바빙크가 이 외에도 생활과 사상이라는 두 분야에서, 즉 응용 윤리학과 도덕에 기반을 둔 심리학 분야에서 생각을 표현한 것은 그의 교수 생활 후반기였다. 첫 번째 관심 분야, 곧 생활 분야에 속한 그의 저작들로는 이와 같은 것들이 있다. 『현대 사회에서 여성의 역할』(1918), 『그리스도인 가정』(1908), 『현대 생활에서 그리스도를 본받음』(1918), 『전쟁의 문제』(1915), 『기독교, 전쟁, 국가 연합』(1920).

마지막에 언급된 책을 보면, 바빙크가 20세기의 문제들에 얼마나 깊은 관심을 보였는지 알게 된다. 정말로 바빙크는 "자기 시대에 대해 예민한 분별력"을 갖추고 있었다고 말해야 할 것이다. 이 점이 그가 심리학과 교육의 원칙들에 대해 그처럼 깊은 관심을 보인 것을 부분적으로 설명해 준다. 1915년에 『잠재의식에 대하여』라는 논문을 발표하였고, 1897년에는 『심리학의 원칙들』, 1920년에는 『성경적·종교적 심리학』이라는 논문을 발표하였다. 교육 이론에서 그의 주요 저작은 『교육학의 원리들』(1904)이다. 이 분야에서 이룩한 그의 성취가 자연스럽게 많은 사람의 이목을 끌었다.

성경적인 개혁주의 기독교 신앙을 변호하는 일에서 바빙크는 대립되는 네 가지 영향력을 염두에 두고 있었다. 그 네 가지 가운데 두 가지는 개혁신앙 진영 밖에 있는 것이고, 나머지 두 가지는 진영 안에 있다고 말할 수 있을 것이다. 개혁신앙 밖에 있는 두 가지 영향력은 현대의 종교적 자유주의와 로마 가톨릭교회였다. 안에 있는 두 가지 영향력 가운데 하나는 죽어가고 있는 형식적인 정통 신앙이고, 다른 하나는 현실회피적인 경건주의였다. 그는 종종 이 세력들 모두를 강하게 비판하였다. 예를 들면, 그가 세상이 분파주의적인 경건주의로 회피하기보다는 전체적으로 칼빈주의에 열중해야 한다는 것을 얼마나 열렬하게 또 어떠한 시각으로 옹호했는지를 보면 그 점을 알 수 있다.

"우리는 분파가 아닐 수도 있다. 우리는 하나가 되기를 원치 않을 수 있고, 또 진리의 절대적인 성격을 부인하지 않고서는 하나가 될 수도 없다. 사실 천국은 이 세상에 속해 있지 않다. 그러나 천국은 이 세상에 있는 모든 것이 천국에 이바지하도록 요구한다. 천국은 배타적이고 질투심이 강하다. 그래서 천국과 나란히 독립적이거나 중립적인 세상 나라를 용납하려고 하지 않는다. 그러므로 자연히 이 시대가 자기 방식대로 가도록 내버려 두고, 우리는 조용히 물러나는 데서 힘을 얻으려고 하는 것이 훨씬 더 쉬울 것이다. 그러나 그런 안식은 이 세상에서 우리에게 허락되지 않는다. 모든 피

믿음의 확신

조물이 다 선하고, 모든 것이 하나님의 말씀과 기도로 거룩하여지므로 감사함으로 받는다면 버릴 것이 아무것도 없기 때문에, 어떤 피조물이든지 거절하는 것은 하나님께 감사하지 않는 것이고, 하나님의 선하심과 선물들을 잘못 판단하거나 과소평가하는 것이다. 우리의 싸움은 오직 죄에 대해서만 치러져야 할 수 있다. 그러므로 그리스도를 고백하는 사람들이 이 시대에서 처하게 되는 관계들이 아무리 복잡할지라도, 또 사회적·정치적 문제들, 특별히 학문적인 문제들이 아무리 심각하고 어려우며, 사실상 극복할 수 없는 것이라 할지라도, 마치 기독교적인 동기에서 그렇게 하는 양 자랑스럽게 이 싸움에서 물러나고, 이 시대의 문화를 마귀적인 것이라고 하며 거절하는 것은 우리 안에 있는 불신앙과 약함이다. "

이것이 바빙크가 신앙을 변호할 때 즐겨 주장하였던 점들 가운데 하나이다. 그는 "기독교의 보편성과 교회"(The Catholicity of Christianity and the Church)라는 제목의 강연에서 이 점을 말하였다. 그것이 그의 주장을 대표적으로 보여주는 진술이다. 이어서 그는 "신앙은 세상에 대해 승리할 것이라는 약속을 지니고 있다"고 말하였다.

해제

임경근

1. 주제가 시의적절한가?

대한민국은 2020년 연초부터 코로나 바이러스(COVID-19)의 확산으로 큰 어려움을 당하고 있다. 그 중심에는 일명, '신천지 집단'(신천지예수교회)이 있다. 이 집단의 신도들은 왜곡된 거짓 교리를 믿고 자신들만이 선택받은 12지파라고 확신한다. 신천지는 복음의 진리를 왜곡한 이단이다. 그럼에도 불구하고 그들은 굳건한 믿음의 확신을 가지고 있다. 아이러니하게도 믿음의 확신은 이단에게서 더 많이 발견된다. 물론, 이방 종교에도 믿음의 확신이 있다. 그렇다면 성경이 가르치는 믿음의 확신과 무엇이 다를까?

복음주의 교회의 특징은 크게 세 가지로 요약할 수 있다. 첫째, 성경을 하나님의 말씀으로 믿는다. 둘째, 믿음을 체험으로 확신한다. 셋째, 확신 가운데 선교와 전도에 열정을 가지고 임한다. 복음주의 교회에서도 '믿음의 확신'은 굳건한 편이다. '사영리'나 '전도폭발' 등 여러 전도의 내용을 보면, 믿음과 구원을 곧바로 연결하고 체험을 통한 확신을 추구한다. 복음주의 신자는 지금 죽어도 천국 갈 확신을 굳게 가지고 있다. 하지만, 복음주의 교회는 생명력을 상실한 성경주의(Wooden Biblicism)나 율법적 근본주의(Legalistic Fundamentalism)의 약점에 노출되기 쉽다. 또 믿음을 종교적 체험으로 축소시킬 위험이 있으며, 승리주의적(Triumphal) 자신감으로 세상을 향해 무례하거나 공격적으로 전도하려고도 한다. 이런 모습을 성경적 믿음의 확신이라고 부를 수 있을까?

사회복음을 주장하는 기독교인은 '믿음의 확신'보다는 '믿음의 행위'에 관심이 많다. 그들은 복음주의 교회가 '믿음의 확신'만 강조하다가 '믿음의 행위'를 잃어버렸다고 비판한다. 믿음의 행위와 열매가 없는데 어떻게 구원을 확신할 수 있느냐고 도전한다. 교회는 사회봉사와 인권운동, 그리고 환경운동에 헌신해야 확신을 얻는다고 가르친다. 하지만, 사회복음은 복음의 본질을 잃어버리기 쉽다는 비판을 받는다. 복음을 전하기 위해 빵을 선택했지만, 어느 순간 복음보다 빵 굽는 데만 에너지를 쏟게 된 것은 아닌가? 이것이 과연 성경이 가르치는 믿음의 확신일까?

불신세계는 기독교인의 '믿음의 확신'에 대해 뭐라고 반응할까? 세상은 직간접적으로 기독교의 모습을 옆에서 지켜보고 있다. 그들은 최근 나타난 신천지 사건을 통해서 기독교의 '믿음의 확신'을 평가할 것이다. 불신자들이 보기에 기독교의 '믿음의 확신'은 종교적 맹신일 뿐이다. 코로나 바이러스의 집단감염 사태를 일으킨 신천지 집단이 그 좋은 예라고 생각할 것이다.

교회 내부에도 '믿음의 확신'에 대해 조심스럽게 말해야 한다는 입장도 있다. 믿음을 주관적이고 개인적 영역으로 축소시켜 버리는 모양새다. 믿음은 더 이상 공공성과 객관성과 무관해지고 있다. 근대 사회의 변화와 과학의 발전은 인간을 미신(迷信, superstitious belief)과 맹신(盲信, blind belief)에서 구원했다. 하지만, 정통 기독교 신앙까지 거부함으로써 믿음 안에 있는 구원의 확신도 잃어버린 것은 아닐까?

한국 개신교회 안에도 세속화가 이미 깊숙이 자리 잡고 있다. 젊은이는 교회를 떠나 소위 '가나안' 교인이 되고 있다. 교회에 '안나가'는 교인이다. 그들에게 '믿음'은 하나의 선택이고 기호로 전락했다. 그들에게 '확신'은 나약한 자의 광기로 보일 뿐이다. 지성인이라면 확신을 버리고 오히려 물음표를 던져야 한다고 주장한다. 그들에게 의심은 미덕이다.

도대체 성경은 '믿음의 확신'에 대해 무엇이라고 말할까? 예수님은 교회에 거짓 선지자들의 거짓 복음이 있고, 그것을 믿고 행하며 잘못된 확신을 가지고 있는 자들이 있음을 분명하게 말한다.

"나더러 주여 주여 하는 자마다 다 천국에 들어갈 것이 아니요, 다만 하늘에 계신 내 아버지의 뜻대로 행하는 자라야 들어가리라. 그 날에 많은 사람이 나더러 이르되, 주여 주여 우리가 주의 이름으로 선지자 노릇 하며 주의 이름으로 귀신을 쫓아내며 주의 이름으로 많은 권능을 행하지 아니하였나이까 하리니, 그 때에 내가 그들에게 밝히 말하되, 내가 너희를 도무지 알지 못하니, 불법을 행하는 자들아, 내게서 떠나가라, 하리라⋯⋯ 나의 이 말을 듣고 행하지 아니하는 자는 그 집을 모래 위에 지은 어리석은 사람 같으리니⋯⋯"(마 7:21-27)

그러니, 성도가 가진 '믿음'이 과연 자신을 구원에 이르게 할 수 있을지에 대한 '확신'을 가져도 되는 것일까? 성도가 하나님의 이름을 부르며 기도하고 복음을 열심히 전하며, 귀신을 쫓아내는 신기한 역사를 일으키며, 그 외에도 많은 권능을 행한다고 치자. 그것이 성도의 구원을 보장할까? 성도는 믿음의 확신을 가져도 되는 것일까? 성경은 오히려 믿음의 불확신(?)을 확신하라고 말하는 듯 보인다.

'믿음의 확신'이라는 주제는 오늘도 여전히 적실할까? 이 문제는 성경시대나 교회 역사에서 언제나 적실했다. 그렇다면 오늘도 여전히 적실한 주제임에 틀림이 없다. 최근 몇 년 사이에 '믿음·구원·확신'에 관한 두 권의 책이 한국어로 번역 출판되었다.

첫째 책은, 2013년 J. D. 그리어(Greear)의 『구원의 확신』(새물결플러스 2019; Stop Asking Jesus into Your Heart: How to Know for Sure You are Saved)[1]이다. 저자 그리어는 300명의 교회를 1만 명이 넘는 교회로 만든 목사이다. 사우스이스턴 침례신학대학원에서 조직신학을 전공해 박사학위를 받았다. 그는 개혁신앙의 입장 위에 서서 성도가 자신의 구원을 확신해야 하고 또 할 수 있다고 주장한다. 17명의 신학자들과 목사들이 이 책을 추천했다. 그런데 아이러니하게도 추천인 중에 메릴랜드 주 커버넌트 라이프 교회 목사 조슈아 해리스(Joshua Harris)도 있다. 그는 2015년 성장하던 교회의 목회를 갑자기 중단하고 신학을 공부하다가, 2019년 교회와 신앙을 떠난다고 소위 '커밍아웃'(Coming Out)을 했던 사람이다. 조슈아는 자신이 더 이상 전통적 의미의 그리스도인이 아니라고 선언한 것이다. 큰 충격이었다. 그는 믿음의 확신, 곧 구원의 확신을 잃어버리고 지금은 세속인으로 살아가고 있다. '믿음의 확신'은 '믿음의 불확신'과 멀지 않다는 것을 보여준다.

둘째 책은, 2016년 피터 엔즈(Peter Enns)의 『확신의 죄』(비아토르 2018: The Sin of Certainty)[2]이다. 그는 웨스트민스터 신학교에서

---

1 Greear, J. D., *Stop Asking Jesus into Your Heart: How to Know For Sure You Are Saved* (B&H Publishing Group 2013)

2 Enns, Peter, *The Sin of Certainty* (HarperOne 2016)

1994년부터 구약성경과 성경해석학을 가르치는 교수로 있다가, 2009년 신학적 논란에 휩싸여 사임했다. 그는 이 책에서, 구원에 대해 확신을 가지도록 요구하는 것이야말로 성경적이지 않다고 강변한다. 교회는 신앙고백과 요리문답으로 울타리쳐진 기독교라는 종교를 믿고 확신하도록 요구하지만, 그것이야말로 성경적 믿음에 역기능으로 작용한다고 보았다. 그는 '믿음의 내용'이 아니라, '믿음의 대상'에 더 집중해야 한다고 주장한다. 곧 하나님에 대한 인격적 신뢰가 믿음의 참 모습이라고 본 것이다. 그래서 확신이 아닌 의심의 과정이야말로 신앙의 본질이고 실체라고 보았다. 그는 확신을 가지지 말라고 권고하는 셈이다.

두 책은 서로 반대 입장에 서 있는 것처럼 보인다. 믿음은 확신할 수 있다는 입장과 반대로 믿음은 확신이 아니라, 의심으로 이루어진다고 보니 말이다. 어쩌면, 첫 번째 책이 '확신'의 당위성을 강조한 것이라면, 두 번째 책은 '믿음'의 현실성에 강조를 둔 것일 수도 있겠다 싶다.

20세기 초에 출판된 본서 『믿음의 확신』은 오늘 21세기를 살아가는 우리에게도 여전히 큰 이슈임을 알 수 있다. 헤르만 바빙크는 『믿음의 확신』을 통해 현대를 살아가는 우리에게 어떤 통찰을 주는지 살펴보자.

2. 헤르만 바빙크의 삶과 『믿음의 확신』

종교는 죽음의 침상에서 검증된다고들 한다. 아니, 더 정확하게 말하면, 죽음의 순간에 그의 믿음의 유효성이 드러난다고 말하는 것이 맞을지도 모르겠다. 헤르만 바빙크는 죽음의 침상에서도 믿음의 싸움을 싸웠다. 그가 했다고 전해지는 말을 보자.

"내 학문이 내게 준 유익이 무엇입니까? 내 교의학 또한 나에게 무슨 소용이 있습니까? 오직 믿음만이 나를 구원합니다."[3]

헤르만 바빙크는 죽음의 순간에 구원을 확신했다. 그 확신의 근거는 믿음이었다. 믿음의 내용은 성령님을 통한 계시와 말씀이었다. 그리고 믿음의 대상은 삼위일체 하나님이었다. 헤르만 바빙크는 죽음의 침상에서 지금까지도 최고의 걸작으로 칭송받고 있는 그의 대작 『개혁교의학』(부흥과개혁사)보다 『믿음의 확신』이 더 도움이 되었다는 것을 알 수 있다.

헤르만 바빙크가 『믿음의 확신』이라는 주제를 1891년에 이미 강의했으니 『개혁교의학』 출판보다 앞선다는 것은 의미심장하다. 죽음의 순간에 그의 영혼을 붙들어 주었던 것은 '교의학'이 아닌 '믿음의 확신'이었다. 실제로 헤르만 바빙크는 『믿음의 확신』에서

---

3 유해무, 『헤르만 바빙크: 보편성을 추구한 신학자』(살림 2016), 143쪽; 론 글리슨 (Ron Gleason)은 자신의 책 『헤르만 바빙크 평전』(부흥과개혁사 2014; Herman Bavinck: Pastor, Churchman, Statesman, and Theologian. 2010)에서 헤르만 바빙크 가 "저는 믿음을 지켰습니다."라고 했다는 사실만 전한다.

"인간이란 자고로 죽음의 순간에 근원적 질문을 던지게 되고, 그 해답을 찾든지 못 찾든지 하게 된다"고 주장했다.

헤르만 바빙크는 네덜란드 국가교회(Hervormed Kerk)로부터 이 별한 '아프스헤이딩'(Afscheiding: 분리·이탈·이별) 교회 출신이다. '아 프스헤이딩' 교회는 점점 변질되어가던 국가교회로부터 떨어져 나와 경건하고 보수적인 정통 개혁신앙의 명맥을 이어가려 했 다.[4] 헤르만 바빙크는 아프스헤이딩 교회의 지도적 지위에 있던 목사 아버지로부터 경건한 신앙을 이어받았다. 그는 어릴 때부터 단순하면서도 신실한 신앙으로 훈련받았다.

헤르만 바빙크의 출생년도인 1854년은 '아프스헤이딩' 교회의 신학교가 캄펀(Kampen)에 세워지던 해였다. 아버지 얀 바빙크가 캄펀교회와 신학교로 사역지를 옮기면서(1873) 헤르만 바빙크는 캄펀 신학교에 입학해 1년 동안 공부했지만, 다음 해(1874) 더 큰 학문의 세계를 맛보기 위해 레이던(Leiden) 대학으로 떠났다. '아 프스헤이딩' 교회 목사 아들이 현대신학이 팽배한 국가교회 신학 교의 보루였던 레이든 대학에 입학했다는 사실은 당시 큰 충격이 었다. 하지만, 헤르만 바빙크는 강단 있게 결단했고, 그곳에서 박 사학위를 받았다(1874-1880). 그는 그렇게 '아프스헤이딩' 교회의

---

4 당대를 살며 신칼빈주의를 꽃피웠던 아브라함 카이퍼(A. Kuyper, 1837-1920)의 현대적이며 비교적 자유로운 신앙과 비교된다.

첫 신학박사가 되었다. 그가 레이던 대학에서 자유롭고 열린 학문의 세계를 헤엄쳤음에도 불구하고 믿음을 잃지 않고 신앙을 붙잡을 수 있었던 것은 전적으로 하나님의 은혜 때문이었다. 그는 어릴 때 훈련 받은 '아프스헤이딩' 교회의 경건한 믿음에 든든히 서 있었다. 그는 그 믿음 위에서 현대신학의 바다를 헤엄치며 풍랑을 분석하며 헤쳐나가는 방법을 훈련했다. 그의 박사학위 논문은 종교개혁자 『츠빙글리의 윤리학』[5]에 대한 것이었다. 그는 칼빈이 윤리를 기독교적인 것에만 국한했다면, 츠빙글리는 기독교를 도덕적 영역에까지 확대했다고 긍정적으로 평가했다.[6]

헤르만 바빙크는 프라아너커(Franeker) 교회의 목사로 사역할 때(1881-1883), 아브라함 카이퍼로부터 자유대학(Vrije Universiteit) 교수직을 제안 받았지만 거절했다. 오히려 그는 자신이 속한 교회의 아주 작고 볼품없는 캄펀(Kampen) 신학교의 교의학 교수직에 취임했다(1882). 그는 교회가 세우고 운영하는 목회자 양성기관이었던 캄펀 신학교를 사랑했고 그곳에서 섬기는 것이 당연하다고 여겼다. 그는 캄펀 신학교의 교수로 재직하고 있을 때인 1891년 '믿음의 확신'이라는 주제로 강의를 했다. 그 강의록이 10년 후(1901년) 책으로 출판되었다. 일반 성도를 대상으로 한 책이

---

5 Bavinck, Herman, *De ethiek van Ulrich Zwingli* (Kampen: Zalsman 1880).

6 유해무,『헤르만 바빙크』(살림), 39.

라 입교하는 자녀들에게 선물로 많이 보급되었다고 한다.[7] 캄펀 신학교 교수로 재직하던 20년 동안 헤르만 바빙크는 개혁신앙의 집대성이라 할 수 있는 대작 『개혁교의학』(Gereformeerde Dogmatiek)을 출판했다. 1권은 1895년, 2권은 1897년, 3권은 1898년, 4권은 1901년에 출판되었다.

네덜란드 교회역사에서 두 번째 큰 분리가 있었다. 그것은 바로 1887년에 있었던 '돌레앙시'(Doleantie: 애통, 슬픔)이다. 변질된 국가교회로부터 떨어져 나와야 하는 것이 슬프고 애통한 일이었기 때문에 붙여진 이름이다. '돌레앙시' 교회의 대표 리더는 우리가 잘 아는 아브라함 카이퍼(A. Kuyper, 1837-1920)였다. '아프스헤이딩' 교회와 '돌레앙시' 교회는 국가교회로부터 떨어져 나왔다는 공통점이 있었다. 자연스레 두 교회의 통합과 합동이 추진되었다. '아프스헤이딩' 교회에서는 헤르만 바빙크가 대표적인 인물이었고, '돌레앙시' 교회에서는 아브라함 카이퍼가 중심인물이었다. 1892년 마침내 두 교회가 '합동'(Vereiniging)하게 되었다. 이렇게 헤르만 바빙크는 아브라함 카이퍼와 한 배를 타게 되었다.

우여곡절 끝에 1902년 헤르만 바빙크는 아브라함 카이퍼 요청에 의해 자유대학교 교의학 교수로 이동했다. 이때부터 헤르만 바

---

7 유해무, 115.

빙크는 신학의 영역을 넘어 사회적 영역에까지 관심과 활동의 폭을 넓혀갔다. 기독교 세계관, 심리학, 기독교 학교, 기독교 교육, 윤리학, 그리고 정치 영역까지 폭넓은 저술과 활동을 이어갔다.

1921년 7월 헤르만 바빙크는 67세의 나이로 세상을 떠났다. 그 해 2월에는 프린스턴 신학교의 벤저민 워필드(B. B. Warfield, 1851-1921)가 소천했고, 전년(1920년) 11월에는 아브라함 카이퍼가 잠들었다. 이렇게 1년도 안 되는 사이에 소위 3대(大) 칼빈주의 신학자들이 하나님의 부름을 받았다. 헤르만 바빙크는 경건한 목사 가정에서 자라면서 믿음을 배웠고 하나님을 알고 그분의 말씀과 약속을 의지하였다. 그는 평생 주님의 몸인 교회 안에서 교회를 위해 살다가 믿음을 통한 구원의 확신을 가지고 주님께 갔다.

'믿음의 확신' 혹은 '구원의 확신'의 문제는 세기가 지나도 여전히 식지 않는 주제이다. 지금으로부터 100여 년 전 1901년 네덜란드에서 『믿음의 확신』(De zekerheid des geloofs)이 출판되었다. 그러나 후대는 이 작품에 대해 큰 관심을 기울이지 않았다. 『헤르만 바빙크 평전』(부흥과개혁사 2014)[8]을 쓴 론 글리슨(Ron Gleason) 조차도 『믿음의 확신』이라는 책을 소개조차 하지 않았다. 『개혁교의학』(부흥과개혁사 2013)을 번역한 박태현 교수와 헤르만 바빙크의

---

8   Gleason, Ron, *Herman Bavinck: Pastor, Churchman, Stateman, and Theologian* (P&R Publishing 2010)

생애와 신학을 정리한 유해무 교수의 책 『헤르만 바빙크: 보편성을 추구한 신학자』(살림, 2004, 2016)도 『믿음의 확신』의 존재와 성격에 대해 한두 문장으로 지나가면서 언급한 것이 전부이다. 헤르만 바빙크의 『믿음의 확신』은 분량도 작고 지엽적 주제여서인지는 몰라도 후대에 잊혀진 작품이라고 볼 수 있다.

그런데, 미국교회(1980년)와 한국교회(1987/2019년), 그리고 뒤늦게 네덜란드 교회(2016/2017년)가 헤르만 바빙크의 『믿음의 확신』을 다시 소환했다. 반가운 일이다.

헤르만 바빙크는 19세기 유럽 사회가 산업혁명의 절정기에 이르렀던, 과학적 업적과 발전이 최고조에 도달했던 시대를 살았다. 과학자들은 연구와 실험과 발견과 개발이 더 이상 필요 없을 정도라고 자신하던 시대였다. 기독교 신앙은 점차 변방으로 밀려났고, 소수 광신도들의 전유물이거나 주관적 세계에서나 통용되는 것으로 인식되기 시작했다. 과학적 확신은 힘을 얻었고 종교적 확신은 희미해졌다.

성도는 "내가 믿는 것을 확신해도 되는 것인가?"라는 질문에 쉽게 "예"라고 답하지 못했다. 학교에서 배운 합리적인 사고에 비추어 보면 자신의 믿음을 확신하는 것이 맹신처럼 여겨지니 그럴 수밖에 없었다. 과학적 사고로 성경을 바라보면 의심해야 할 것들이 너무나도 많았다. 진화론에 근거한 과학적 발견·발전·성과에 의해 전통적 창조 신앙이 흔들렸다. 심지어 성경비평학의 발전은 성경의 권위를 끌어내렸다. 성경은 무작정 믿을 것이 아니라 비평하고 분석하고 연구해서 뺄 것은 빼고 더할 것은 더해야 할 것으로 여기게 되었다.

교회 안의 성도의 믿음은 한없이 흔들리며 약해져가고 있었다. 이런 상황에서 바빙크가 『믿음의 확신』을 강의하고 책으로 출판하기에 이른 것이다.

3. 『믿음의 확신』의 탄생과 성장

바빙크 문서보관소에는 『믿음의 확신』이라는 제목의 강연 원고가 두 버전이 보관되어 있다. 최근에 네덜란드 자유대학교 조직신학 교수로 있는 헹크 판 던 벨트(Henk van den Belt)가 두 강연 원고를 자세히 분석하는 소논문을 썼다.[9] 이 논문을 허동원 목사가 번역한 『믿음의 확실성』(우리시대 2019)의 해제(解題)에 요약정리해 소개했다. 헤르만 바빙크는 1891년 1월부터 3월까지 네 번에 걸쳐 각각 다른 장소에서 『믿음의 확신』을 강연했다. 강연의 대상은 일반 성도나 기독교학교협회, 그리고 대학 학생회 그룹 멤버들로 다양한 부류의 일반 성도였던 셈이다. 그러므로 『믿음의 확신』의 수준은 일반 성도들의 눈높이에 맞춘 것이라고 할 수 있다.

---

9 Van den Belt, Henk, "Herman Bavinck's Lectures on the Certainty of Faith" in *Bavinck Review* 2017 35-63.

1901년 두 개의 소책자가 한 권의 책으로 출판되었는데 그것이 바로 '더 제이커르헤이트 데스 헐로우프스'(De zekerheid des geloofs), 즉『믿음의 확신』이다. 이 책의 내용이 한 신학 잡지 (Tijdschrift voor gereformeerde thologie)에도 실렸다.『믿음의 확신』은 1903년 2판이 이어졌다. 1918년에는 약간의 개정과 함께 3판을 찍었다. 본서는 바로 이 3판에서 번역한 것이다. 헤르만 바빙크가 죽은 후 1932년 4판이 출판되었고 그 후 5판이 나왔다지만, 정확한 연도는 모른다.

거의 50년이 지난 후 1980년 영어 번역이 The Certainty of Faith (Paideia Press)라는 제목으로 출판되었다. 조주석 목사가 1987년 영어 번역본에서 한국어로 번역해『신앙의 확신』(나침판 1987)이 출판되었다. 약 30년 후 2016년 네덜란드 자유대학의 특임 교수로 있는 헹크 판 던 벨트(Henk van den Belt)가 헤르만 바빙크의『믿음의 확신』을 324쪽에 걸쳐 다시 문장을 정리하고 해설함으로써 헤르만 바빙크의 개혁신앙을 다시 소환했다. 네덜란드어로 출판된 이 책의 제목은 다음과 같다: Herman Bavinck Geloofszekerheid: Teksten ingeleid en geannoteerd door Henk van den Belt (Soesterberg 2016).

헹크 판 던 벨트 교수는 다음 해(2017년)에 이 책의 뿌리가 되는 1891년 두 편의『믿음의 확신』이라는 원고를 문서보관소에서 찾아냈다. 그는 헤르만 바빙크의 글을 비교 분석하며 저자의 의도를 추적하여 주석한 글을 『더 바빙크 리뷰』라는 잡지에 실었다. 이 글은 영어이다: "Herman Bavinck's Lectures on the Certainty of Faith (1891)" in *The Bavinck Review* (2017.8. 35-63).

본서의 제목은 『믿음의 확신』이다. 헤르만 바빙크는 이 책에서 기독교의 확신에 대해 질문하고 답한다. 신자는 믿음 안에서 확신하며 살 수 있을까? 헤르만 바빙크는 확신할 수 있다고 대답한다.

본서는 "Des geloofs"를 『믿음』이라고 번역했다. 1987년 조주석 목사는 『신앙』이라 번역했다. 2019년 허동원 목사는 『믿음』이라 번역했다. 본인은 보통 일반인이 사용하는 언어로 『믿음』을 선택했다. 그리고 "De zekerheid"를 허동원 목사 번역본은 '확실성'이라고 했지만, 조주석 목사는 '확신'으로 번역했다. 본서도 '확신'이라고 번역했다. 그러고 보니, 본서의 제목인 『믿음의 확신』은 이미 출판된 두 권의 한글 번역서 제목의 생활밀착 언어를 모두 뽑아 사용한 셈이다. 『신앙의 확신』 (조주석) + 『믿음의 확실성』 (허동원) = 『믿음의 확신』 (임경근)

4. 『믿음의 확신』의 내용

헤르만 바빙크는 교회가 종교개혁 때 회복했던 '믿음과 확신'을 18세기 프랑스 대혁명 이후 잃어버렸다고 보았다. 객관은 주관화되었고, 권위가 부정되었으며, 의심이라는 영적 전염병에 감염된 사람들은 물질주의와 쾌락주의를 따랐다. 교회도 이런 세속의 영향을 받아 나약해졌다.

17-18세기 계몽주의와 산업혁명이 낳은 이성과 과학은 헤르만 바빙크가 살던 19-20세기에 최고봉에 이르렀다. '믿음의 확신'이라는 주제는 '과학의 확신'에 밀렸다. 헤르만 바빙크는 '과학의 확신'이 거짓 회의주의나 맹신을 물리친 유익을 인정하지만, '믿음의 확신'이 줄 수 있는 것과 비교할 수 없다고 말한다. 쉽게 말해 과학은 죽음의 순간에 그 어떤 확신도 주지 못한다. 과학은 선과 악, 죄, 의, 심판, 양심의 가책, 죽음의 공포에 무력하다. 그럼에도 불구하고 과학이 종교를 무시한다면 그 자체가 문제가 있음을 증언하는 것이라고 반박한다. 과학은 신의 부재를 증명할 수 없다. 뿐만 아니라, 과학적 확신은 다른 과학적 확신에 의해 뒤집힐 수도 있다. 이 점은 의심으로 시작하는 철학도 마찬가지다. 물론 철학도 어느 정도의 확신을 주긴 하지만 믿음의 확신에 비할 수 없다고 역설한다.

그러면 '믿음의 확신'은 어떤가? 객관적 수치로 보면 '과학의 확신'이 강력하지만, '믿음의 확신'은 그런 과학적 논증에 의해 영향을 받지 않는다. '믿음의 확신'의 힘과 권위는 변함없고 무한한 하나님으로부터 온다. '하나님이 말씀하셨다'(Deus dixit)라는 것이 '믿음의 확신'의 든든한 기초이다. 과학을 위해 순교하는 자는 없지만, 믿음을 위해 순교하는 자는 역사 속에 수도 없이 많았다. '과학의 확신'이 이성에 기초한다면, '믿음의 확신'은 하나님이라는 인격적 대상에 대한 신뢰에 근거한다. 이것이 '믿음의 확신'의 힘이다.

그런데 기독교 안팎에서 이 '믿음의 확신'에 대한 견해와 접근이 다르다는 것을 발견할 수 있다. 역사를 보면 인간은 종교를 통해서나, 혹은 문화예술(노래·시·철학·예술·과학)을 통해 확신을 얻으려 했다. 불확신을 숨기려 과학자는 이 주제에 무관심하고, 쾌락주의자는 현세의 쾌락만을 추구한다. 현대주의자는 종교가 아닌 적극적 사고방식이나 긍정적 마인드를 통해 흔들림 없는 확신을 얻으려 하지만, 그 시도에는 한계가 있다.

기독교 내부에서는 '믿음의 확신'을 어떻게 얻으려고 할까? 로마 가톨릭교회는 구원이 그리스도 안에 있지 않기 때문에 확신은 추론에 불과할 뿐 교리적으로 불가능하다. 구원은 선행과 사제에 의존하고 조건적이다. 왜냐하면 교회만이 천국 문의 열쇠를 쥐고 있기 때문이다. "내가 구원 받을 수 있을까?"는 "내가 법을 잘 지키고 있는가?"와 일치한다. 그래서 두 부류로 나뉜다. 첫째는 포기하는 삶이고, 둘째는 끊임없는 선행의 추구(7성사·금욕·신비)이다. 물론 로마 가톨릭교회의 성화 교리는 개신교회보다 강점이 있다고 평가할 수 있으나(긴장을 주기에) 지속적인 고통과 불확신에 시달려야 한다.

16세기 종교개혁이 올바른 믿음의 확신을 주었지만, 17세기 정통주의는 믿음보다 신앙고백에 더 많은 관심을 두면서 합리주

믿음의 확신

의의 길을 열어 놓았다. 종교를 이성의 작업으로 만들어 버림으로써, 영원한 것을 역사적 증거와 이성적 논증에 의존함으로써 '믿음의 확신'을 합리적 통찰력으로 전락시켜 버렸다. 깡마른 정통주의는 경건주의를 불렀다. 경건주의는 '믿음의 확신'을 얻기 위해 엄격하게 참과 거짓을 구분하려 했고, 숨겨진 감정까지 추적하는 노력을 했다. 급기야 믿음을 영적 체험과 경험의 수준으로 끌고 갔는데, 결국 이런 영적 행동(비탄·탄식·도피)이 믿음을 앞서고 말았다. 확신은 믿음과 분리되고 특별한 몇몇 사람만 발견할 수 있는 고난이도의 경지로 보았다.

17세기의 경건주의는 18세기에 모라비아파와 감리교회라는 두 방향으로 나아갔다. 모라비아파는 '믿음의 확신'을 얻기 위해 모세의 엄격함에서 예수의 친절함을 추구했다. 탄식과 슬픔대신 기쁨과 사랑을 따랐다. 사랑의 구세주만 선포했다. 감리교회는 '믿음의 확신'을 얻기 위해 죄책감을 이용한다. 그들은 한 순간 반전(중생)을 시도한 후 성화의 길을 향해 열심히 달려간다. 모라비아파는 병적인 감정 추구가 특징이고, 감리교회는 무분별하고 강박적 열심이 자유를 억누른다. 이들의 삶은 영혼 구원에만 머물러 세상에서의 균형 잡힌 세계관을 놓치기 쉽다. 사려 깊은 의식은 감정(모라비아파)과 의지(감리교회)에 억눌린다.

헤르만 바빙크에 의하면, 객관적 믿음의 대상인 하나님과 진리의 말씀은 개별적 경험과 무관하게 확신 가능하다. 불교는 경험에서 열반의 진리를 찾고, 무슬림 신비주의자도 체험에서 육적 천국을 찾고, 로마 가톨릭교회는 느낌에서 마리아 숭배를 이끌어내고, 친첸도르프는 마음에서 진리를 찾으려 했다. 하지만, 믿음은 사도들의 진리의 터 위에 세워졌음을 분명히 한다. 경험이 진리를 이끌어 낼 수 없고, 오히려 진리가 경험을 만들어 낸다. 헤르만 바빙크는 여기서 슐라이어마허가 경험에 과도하게 의존한 것과 칸트가 감각 가능한 세상으로 철학을 제한시킨 것을 비판했다.

헤르만 바빙크는 마지막으로 '확신'과 '믿음'에 대해 정리한다. 본래 '믿음의 확신'은 하나님과 그분의 말씀에 근거한다. 물론 '믿음의 확신'이 종종 오용 혹은 남용된다. '믿음의 확신'이 오용된 대표적 경우는 슐라이어마허의 경험과 체험적 기초이다. 믿음이 삶 전체를 포함하지만, 경험이 믿음보다 앞설 수는 없다.

그래서 과학적 증거에 의해 올바른 '믿음의 확신'이 무시되었지만, 하나님과의 관계적 차원에서의 믿음은 분명히 확신을 준다고 헤르만 바빙크는 주장한다.

헤르만 바빙크는 '믿음의 확신'은 가능하다고 역설한다. 왜냐하면 믿음의 대상이 하나님이고 그분의 계시인 말씀이 확실하기 때문이다. 믿음의 객체, 즉 믿음의 대상을 확신할 수 있을 뿐만 아니라, 믿는 주체인 자신을 확신할 수도 있다. 이 둘은 분리할 수 없다. 하나님은 계시를 교회에 주고, 교회는 진리의 기둥과 터로서 구원의 비밀을 보존한다. 교회에 오는 성령님은 말씀을 사

믿음의 확신

람에게 증언하고, 사람은 믿음의 두레박을 내려 생수를 퍼 올린다. 이 과정에서 사람은 양쪽에서 다 확신을 가질 수 있다. 이 모든 과정은 하나님에게서 시작되고 출발되었다. 믿음조차 하나님이 인간에게 선물로 주신다. 인간은 스스로 믿음의 전유(專有)를 통해 확신을 가지게 된다. 객관이 주관이 되는 순간이고, 하나님의 선물이 인간의 소유가 되는 과정이다.

다시 정리하면, '확신'은 먼저 계시 안에서 우리에게 주어진 하나님의 약속의 진실성에 대한 것이고 동시에 우리가 은혜로 이 약속에 참여하게 된다는 확신을 포함한다. 그러니 '믿음'은 시작부터 확신을 동반하고 포함한다. '믿음'은 모든 의심을 몰아낸다. 하나님께 피난처를 찾는 사람은 그 '믿음'이 보증된 신뢰를 소유한 자임을 확신해도 된다. 약속은 교회에 보존되는데 말씀과 성례로 표현된다. 이 약속에 대한 '믿음'은 반드시 열매를 맺는데, 그것은 '확신'과 선행과 덕행과 체험 같은 것들이다. 또 그 열매는 단순히 개인 영혼의 구원을 넘어 삶의 모든 영역으로 퍼져 나간다. 여기에 기독교 세계관이 포함된다.

헤르만 바빙크는 '믿음의 확신'은 투쟁의 출발점이지 목적지가 되어서는 안 된다고 역설한다. 구원 받는 것이 신앙생활의 목표의 전부가 될 수 없다. 경건주의처럼 믿음을 대상으로 전락시켜서는 안 된다. 내적 체험으로 인생의 마지막 순간에 '믿음의 확신'과 영혼의 안식에 도달하려는 것은 매우 불쌍한 모습이 아닐 수 없다. 개혁신앙은 믿음을 구원의 마지막에 두지 않고 구원으로 가는 길의 시작에 둔다. 믿음을 향해 가지 않고 믿음에서 출발한다. 믿기 위해 행하지 않고, 행하기 위해 믿는다. 하나님의 자녀가 되는 것은 경험 때문이 아니라 약속 때문이다.

● **독자 여러분들께 알립니다!**
'**CH북스**'는 기존 '**크리스천다이제스트**'의 영문명 앞 2글자와
도서를 의미하는 '**북스**'를 결합한 출판사의 새로운 이름입니다.

세계기독교고전 40

믿음의 확신

1판 1쇄 발행 2020년 5월 11일
1판 3쇄 발행 2024년 11월 27일

지은이 헤르만 바빙크
옮긴이 임경근
발행인 박명곤 **CEO** 박지성 **CFO** 김영은
기획편집1팀 채대광, 김준원, 이승미, 김윤아, 백환희, 이상지
기획편집2팀 박일귀, 이은빈, 강민형, 이지은, 박고은
디자인팀 구경표, 유채민, 윤신혜, 임지선
마케팅팀 임우열, 김은지, 전상미, 이호, 최고은

펴낸곳 CH북스
출판등록 제406-1999-000038호
전화 070-4917-2074 **팩스** 0303-3444-2136
주소 서울시 강서구 마곡중앙6로 40, 장흥빌딩 10층
홈페이지 www.hdjisung.com **이메일** support@hdjisung.com
제작처 영신사

ⓒ CH북스 2017

"크리스천의 영적 성장을 돕는 고전"
세계기독교고전 목록